隈研吾

住宅らしさ

GA

目次

006	第1章	伊豆の風呂小屋ができた頃
010		伊豆の風呂小屋
014		水/ガラス
018		Great (Bamboo) Wall
030		高柳町 陽の楽屋
036	第2章	材料に対する興味
036		Plastic House
050		鉄の家
056		ロータス・ハウス
066		Bamboo/Fiber
070		Mesh/Earth
076	第3章	小さなパヴィリオンでの実験
082		実験住宅 Méme
098		Lake House
106	第4章	軽井沢の別荘
106		Stone Roof
116		森/床
120		Y Hütte

136	第5章	家具について
146	第6章	現代の和風について
148		Water/Cherry
156		Yien East
172		Wood/Berg
180	第7章	海外の住宅
180		Glass/Wood
192		Jeju Ball
200		Floating Cave
202		Chiva House
204		Dune House
218		「住宅らしさ」とは何か?
232		住宅作品リスト

第1章　伊豆の風呂小屋ができた頃

———戦後の先進国において、建築家の職能を成立させてきた基盤は、「ケインズ政策による公共建築の建設促進」と「持ち家制度による私有住宅の奨励」だと、以前のインタヴューで仰っていました（『Kengo Kuma Recent Project』）。その時は、前者の流れを踏まえて、「公共建築における隈的対処法」を中心にお話いただいたので、今回は、後者の「住宅」に対する分析を、自作を絡めながらお話いただければと考えています。
—

隈　確か、『建築的欲望の終焉』（新曜社、1994年）から『自然な建築』（岩波新書、2008年）へ至る、ぼくの著作の系譜を踏まえて、思考過程の話を始めた記憶があります。
—

———でも、その前に『10宅論』（トーソー出版、1986年）という処女作があったわけです。
—

隈　『10宅論』を執筆していた当時はニューヨークに住んでいたので、バブル景気に沸く日本を醒めた視線で眺めていました。特に、猛烈な勢いで新築され続けている住宅群を端から見ていると、まるで弦楽器をコード（＝和音）だけで演奏しているように見えていた。本人はうっとりしてても、コード進行は百年一日で退屈極まりない（笑）。そんな「和製住宅のコード」を分類することで、現代日本の住宅批評を試みたわけです。

　20世紀の住宅は、欧米や日本など先進諸国の政府によって個人に与えられた、欲望発散装置です。それが有効に働けば働くほど、国土開発が促進し、経済が活性化され、政策政権が安定する。様々な政治的メリットがある高級玩具として、政府から国民に与えられたのが「戸建住宅」だった。

　当時の日本人は、どんなデザインの「戸建住宅」を建てていたかと言うと……。アマチュアでも理解しやすい「記号的な統一」が図られ、一定の形式に集約されていた。大凡、10タイプに分けられる様式（＝コード）は、直ぐさまマーケットに載せられ、日本全国に流通していきました。

　各タイプは、素人が見ても感情移入しやすく、自分という存在を表徴（＝

第1章｜伊豆の風呂小屋ができた頃　　007

リプレゼンテーション）できるスタイルとして予め用意されていた。しかも、非常にプリミティブな和製的進行で奏でられるコードだったので、容易に国民も馴染むことができた（笑）。その結果、スーパーマーケットに並ぶコモディティ（＝商品）に取り囲まれたような、異様な街並みが形成されてしまいました。

———『10宅論』の文庫版（ちくま文庫、1990年）の「文庫版あとがき」に、「実は、『10宅論』で書かれていることはフィクションだったのです」と告白されていますね。

隈　文庫化されたのは、執筆から約5年が経過していたのですが……。執筆当時から思っていた「このままの状況が、長続きするのか？」という不安が、益々拡大していたのです。バブル崩壊直後ということもあって、「現実の方が、早く変化してしまう」という危機感から、「フィクションだった」という保険を掛けておいた（笑）。

　でも、執筆から25年近く経ってみると、『10宅論』で論じた状況は、ほとんど変わっていないと感じています。一種の根源的和製コードに、届いていた分析だったのかもしれません。

———「明治の地租改正（1873年）などによって、土地や家屋の私有が初めて法的に認められた」という、私有意識の歴史の浅さも影響していると思います。さらに、戦後の農地改革（1947年）によって「地主と小作」という関係も解体されることで、できるだけ多くの国民から固定資産税を徴収するシステムへ移行していった。

隈　結局、デモクラシーの導入法が、アメリカと日本では決定的に違っていたのだと思う。

　アメリカにおいては、そもそも地縁血縁が存在しない所に「個人の居場所」を打ち立てることが前提だったわけです。しかも、「個人」がブレたり、不安定にならないように、シンプルな白い箱を与える必要があっ

た。アメリカのデモクラシーとは、かなり構築的な側面がありました。

　一方、明治期の日本には、他者から窺い知れない状態で、既に地縁血縁がベッタリ張りめぐらされていた。終戦直後も表面上は、大地主による土地の独占や、財閥による経済の独占しか見えなかったので、「強いモノによる抑圧的なシステム」とダグラス・マッカーサーは認識したのだと思います。

　実質は、一方通行の抑圧的システムではなく、相互扶助のシステムが内在していた。上からも下からもネットワークが張りめぐらされていたので、ある意味で、日々の生活を送るには快適なシステムが構築されていたわけです。

―――相互扶助システムを読み切れなかったGHQは、既存システムの解体をしてしまった。

隈　つまり、日本におけるデモクラシーは、構築的にではなく破壊的に働いた。「あなたたちは、抑圧から解放される」というGHQのスローガンを嬉々として受け入れた結果、マゾヒスティックな破壊を自ら享受し、地縁血縁を自ら切断し、ネットワークから切断された「持ち家」獲得に向けて勤勉誠実に働き始めます。

　でも実質は、マーケットに並ぶ10種類の商品を品定めする、主体性のない消費者に成り下がったわけです。ある意味で、戦前以上に抑圧された、受動的な存在に自分を貶めてしまった。そんな状況に気付かずに、戦後の長い年月を過ごしてきた日本人に対しても、『10宅論』で皮肉ったつもりです。

―――「フィクションだった」と追記したのは、一種の警告でもあったわけですね。アメリカから与えられたフィクションを、あまりにも日本人は容易に享受し過ぎていると……。

隈　確かに（笑）。例えば、「ハビタ（＝かつての西武ハビタ館、現在のコンラン・ショップ）派が理想のタイプだ」と思っている人間は、その分類を相対

第1章｜伊豆の風呂小屋ができた頃

伊豆の風呂小屋 1988年

的に認識しているわけではありません。当人たちにとっては、リアリティの塊だからね。

　10タイプの分類をメタレベルの上に立って見ると、各住宅のデザインだけでなく、各々の人生まで浮き彫りにしてしまう。結局、アメリカによって仕込まれたフィクションによって、働かされ続けている日本人の人生そのものが、滑稽なものに思えてきたのが1990年代だった。その滑稽さを、フィクションという言葉で表したわけです。

—

　—— 他者から与えられたフィクションにも、和製的コードを見出してしまうことも、日本人の特徴です。例えば、フランク・ロイド・ライトの住宅にまで、和の要素を見出してしまう。

—

隈　元々日本人は、未知のモノの受容の際にもしっかりと感情移入ができる、本質的に受動的な民族なんだと思う。特に、空間受容の際には、きちんと感情移入できる。

———『10宅論』の文庫版が出版された1990年に、現在の隈事務所を立ち上げています。独立当時は、住宅を設計していませんね?

隈　「伊豆の風呂小屋」(1988年)を、設計していた筈だけれど……。

———事務所を立ち上げる前に竣工していますし、基本的に別荘でしょう。

第1章｜伊豆の風呂小屋ができた頃　　011

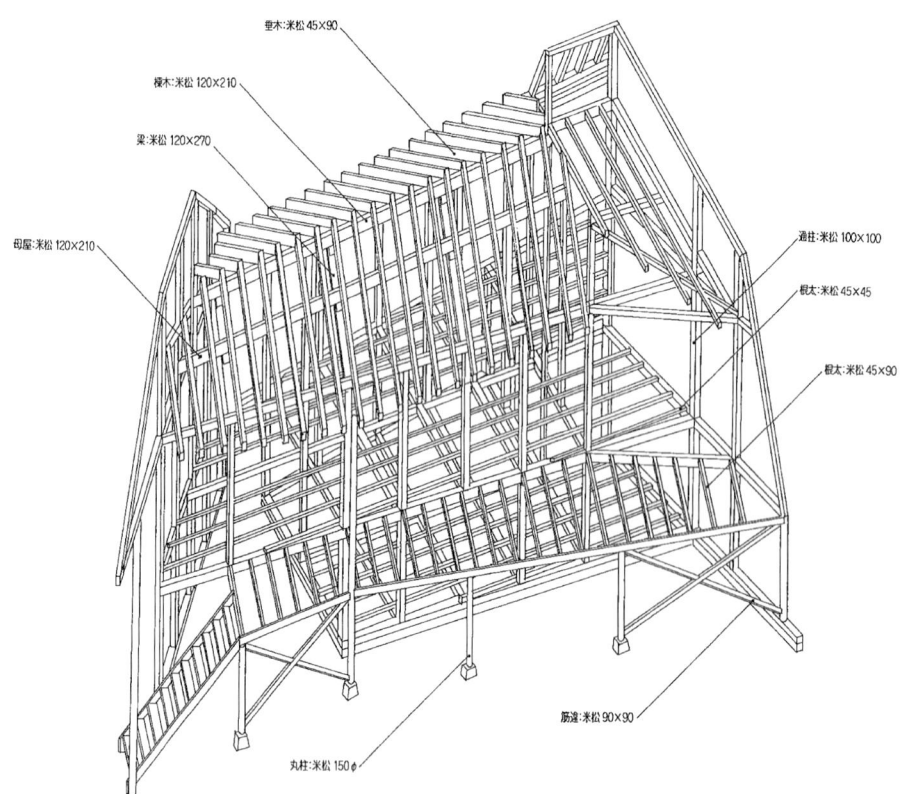

伊豆の風呂小屋：アクソノメトリック

―

隈　確かに今、当時を振り返ってみると、**「伊豆の風呂小屋」**のクライアントは、別荘のフィクション性を十分認識して、「風呂場を設計してくれ」なんて冗談を言ってました。そういう意味では、「20世紀的な持ち家」を、設計しようとしていなかったのかもしれない。

―

―――その後、戸建住宅として発表された、**「Plastic House」**
（2002年、p.036-）まで約10年間もあります。

―

隈　独立直後の皮肉なぼくには、アーキテクトが「自らの世界観を象徴している」という意気込みで設計した住宅すらも、メタレベルから眺め

012

ると、スーパーマーケットに並ぶ商品の一つに見えていました。例えば、コンクリート打放しの住宅や、白を基調とした透明な住宅を含めて、「流行モノのコモディティ」と見えていたのです。

　そのような商品を、フィクションであるにも拘わらず、本物臭い真剣なテキストを付けて消費者に提供する。そんな販売戦略に加担したくないという思いがありました。

―

――「**Plastic House**」へ至るまでに、「**水/ガラス**」

(1995年、p.014-)や「**森/スラット**」(1999年)のようなゲストハ

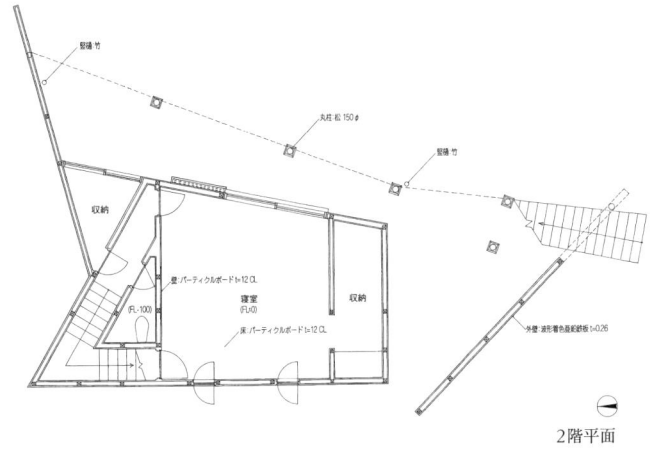

2階平面

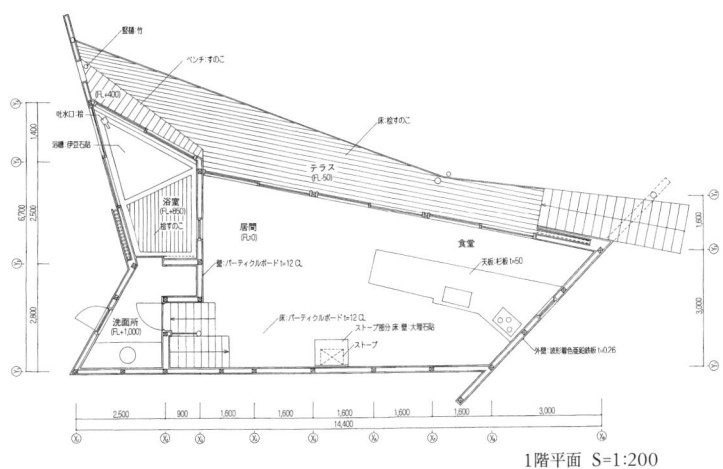

1階平面　S=1:200

第1章｜伊豆の風呂小屋ができた頃　　　　　　　　　　013

水/ガラス 1995年

ウスは手掛けられています。

―

隈　オフィスや工場が、経済活動においてリアリティを持つのと同等に、ゲストハウスにはリアリティを感じていました。あくまでも、「仕事相手をもてなす施設」ですからね。

　それに対して個人住宅は、「戸建住宅を建てることができれば、あなたは幸せになる」というフィクションを前提として、経済メカニズムに乗っていた。その時点で、幸せを安売りする新興宗教的フィクションが必ず介在するので、妙なジャンプが必ず生じるのです。

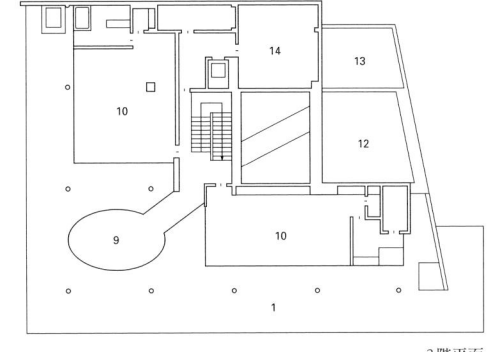

1 水盤
2 和室
3 会議室
4 管理室
5 サービスヤード
6 機械室
7 浴室
8 台所
9 ラウンジ
10 入口
11 ホール
12 機械室
13 電気室

3階平面

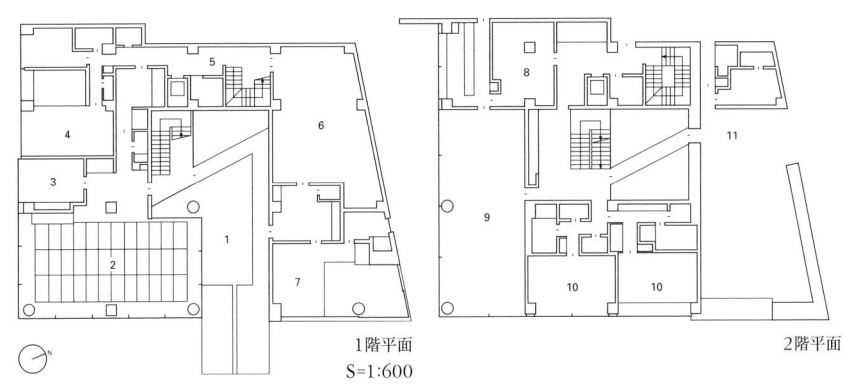

1階平面
S=1:600

2階平面

―

―――― 安直なフィクションによるジャンプほど、危ういものはありません。

―

隈　戸建住宅を所有したからといって、購入時と同等の価格で売却することは、ほぼ不可能です。それなのに「一生涯、経済的安定を与えられる」という幻想を喧伝するから、インチキ宗教と言われてもしょうがないわけ。実際、サブプライム層(=準優良客層)などとフィクションの階層まででっち上げ、ローン破綻を起こしてしまったでしょ。リーマンショックがサブプライムローンの破綻から始まったのは、20世紀システムの崩壊を象徴する出来事でした。

―

第1章 | 伊豆の風呂小屋ができた頃　　　　　　　　　　　015

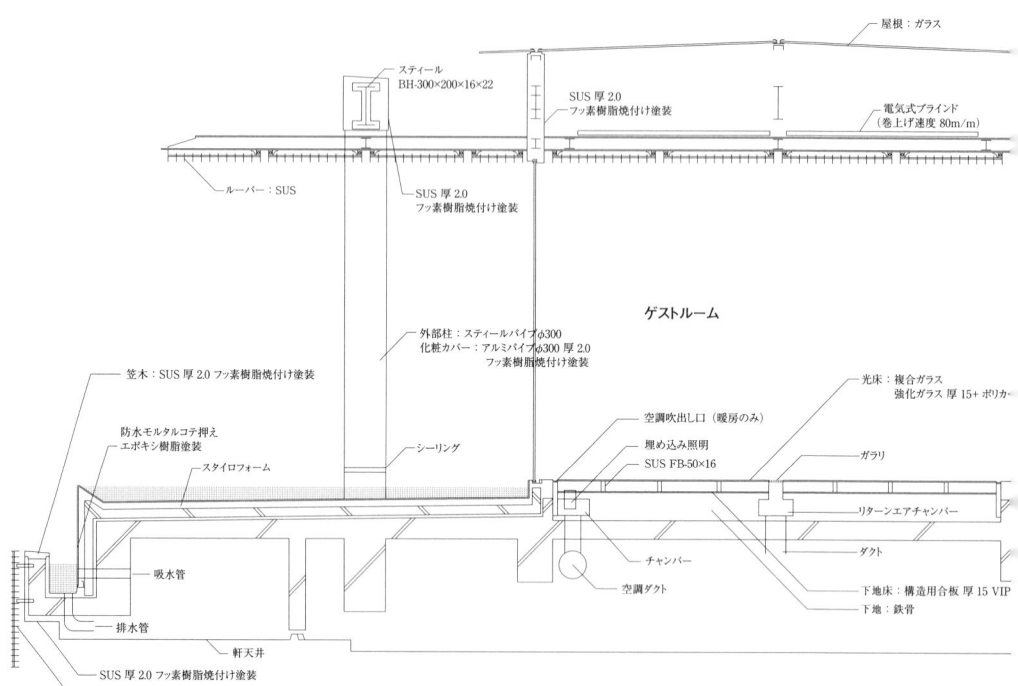

- a: ブレース：スティール FB-25×4.5
- b: スティールプレート φ40 厚 4.5
  ネオプレンゴム 厚 2.0
- c: 化粧ボルト M12
  頭部：スティールプレート φ40 厚 4.5
  ネオプレンゴム 厚 2.0
- d: 踏板：強化ガラス 厚 15
  +ポリカーボネート 厚 10
- e: 束：丸鋼 φ19
  上端：M12 タップ加工
- f: スティール FB-50×16
- g: 丸鋼 φ9
  両端：φ6 ねじ加工 袋ナット
- h: スティール FB50×12
- i: スティールパイプ φ38 厚 3.5
- j: SUS304
  H-125×125×6.5×9
  フッ素樹脂塗装
- k: リブ：SUS304 厚 3.0
  フッ素樹脂塗装
- l: SUS304 パイプ φ13 厚 1.5
  フッ素樹脂塗装
- m: SUS 袋ナット MB
- n: SUS304 厚 3.0
  フッ素樹脂塗装
- o: SUS304 厚 1.5
  フッ素樹脂塗装

水/ガラス：断面　S=1:70

―――アーキテクト派の住宅も、リアリティを獲得するために、手を拱いていたわけではありません。例えば、計画学的なプランニングを見直すことで、新しいプログラムをつくる方法などは、現在でも繰り返し試みられています。

―

隈　そもそも、「個人住宅」や「持地持家」という初期設定自体がリアリティを欠いているから……。その中に、新しいプログラムや微細な構造システムを持ち込んだとしても、「それによって得られるリアリティは、

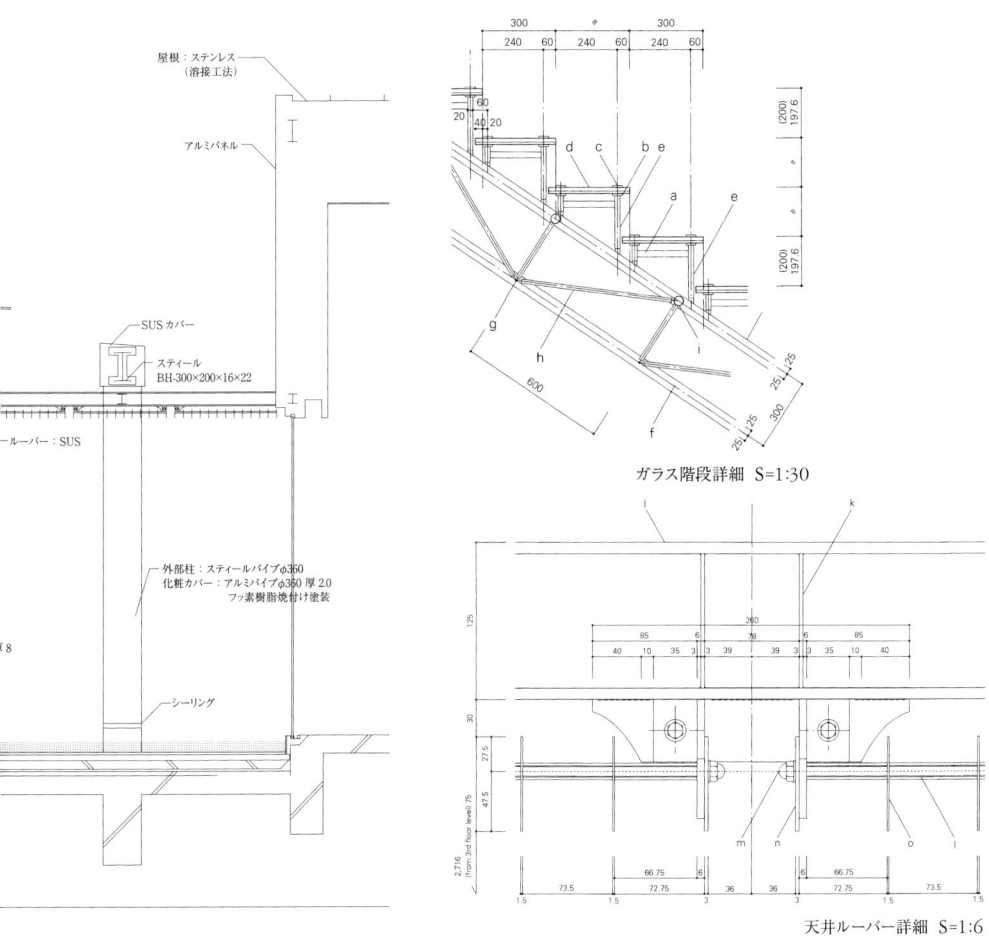

ガラス階段詳細 S=1:30

天井ルーバー詳細 S=1:6

大きなフィクションの中に埋没してしまう」という懸念が、個人的に拭えませんでした。

——

——北京郊外に建設された、「**Great (Bamboo) Wall**」(2002年、p.018-)。この時期の中国に「戸建住宅」のリアリティを感じられていましたか？

隈　「万里の長城のすぐ脇」の敷地に、アジアの建築家を中心に約10

Great (Bamboo) Wall 2002年

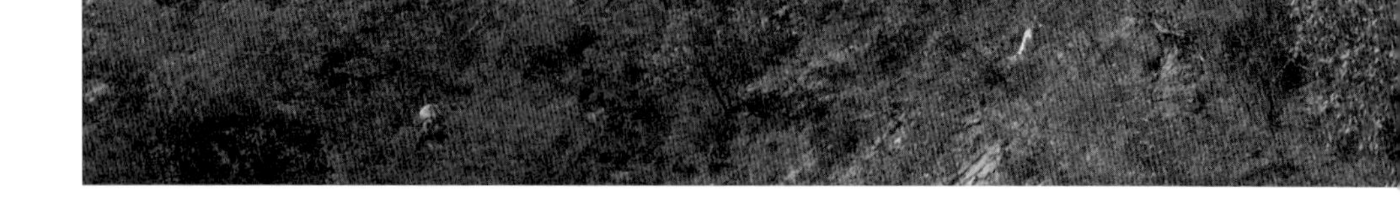

北立面

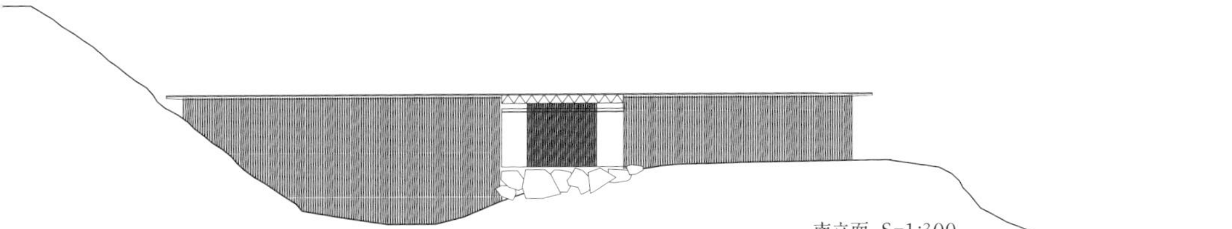

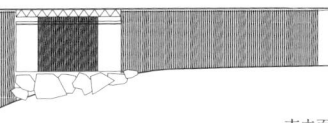
南立面 S=1:300

第1章 ｜ 伊豆の風呂小屋ができた頃

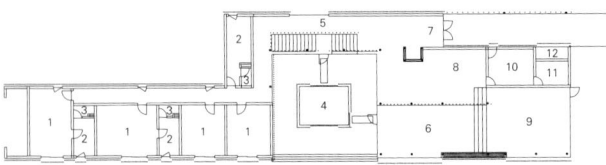

Great (Bamboo) Wall：1階平面

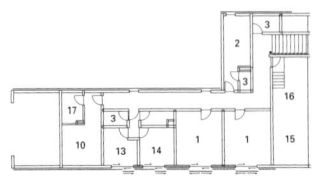

1	来客用寝室	9	居間
2	浴室	10	倉庫
3	トイレ	11	ボイラー室
4	竹のラウンジ	12	ガスシリンダー
5	廊下	13	運転手室
6	食堂	14	スタッフルーム
7	玄関ホール	15	貯水庫
8	台所	16	機械室

地下1階平面 S=1:300

人を招聘して戸建住宅を設計してもらい、建て売りする。今、思い返してみると、初期設定自体が、「コレって冗談じゃないか?」と思えるほど、フィクショナルなものでした。クライアントであるデベロッパーと現地を歩き回った時に、「水や電気のインフラはきていますか?」と質問してみたら、「判らない」と平然と答えられてしまったくらい(笑)。

ただ、煙に包まれたまま、設計のために手を動かし始めてみたら、ちょっとした新しいイメージが浮かんできたのです。

—

——— 具体的には?

—

隈　中国の現場では良く使われている、竹足場で組まれたような住宅にすることで、敢えて、経年と共に風化する住宅をつくる。

「パーマネントに、あなたの人生を保証する白い箱」に対して、「時間と共に朽ち果て、直ぐに取り払うことも可能な住宅」を提案する。しかも、竹足場というマテリアル自身が、その敷地から生えてきたとしか言いようがない、場所との一体性もある。

—

——— そういうモノをキッカケに住宅を提案しても、クライ

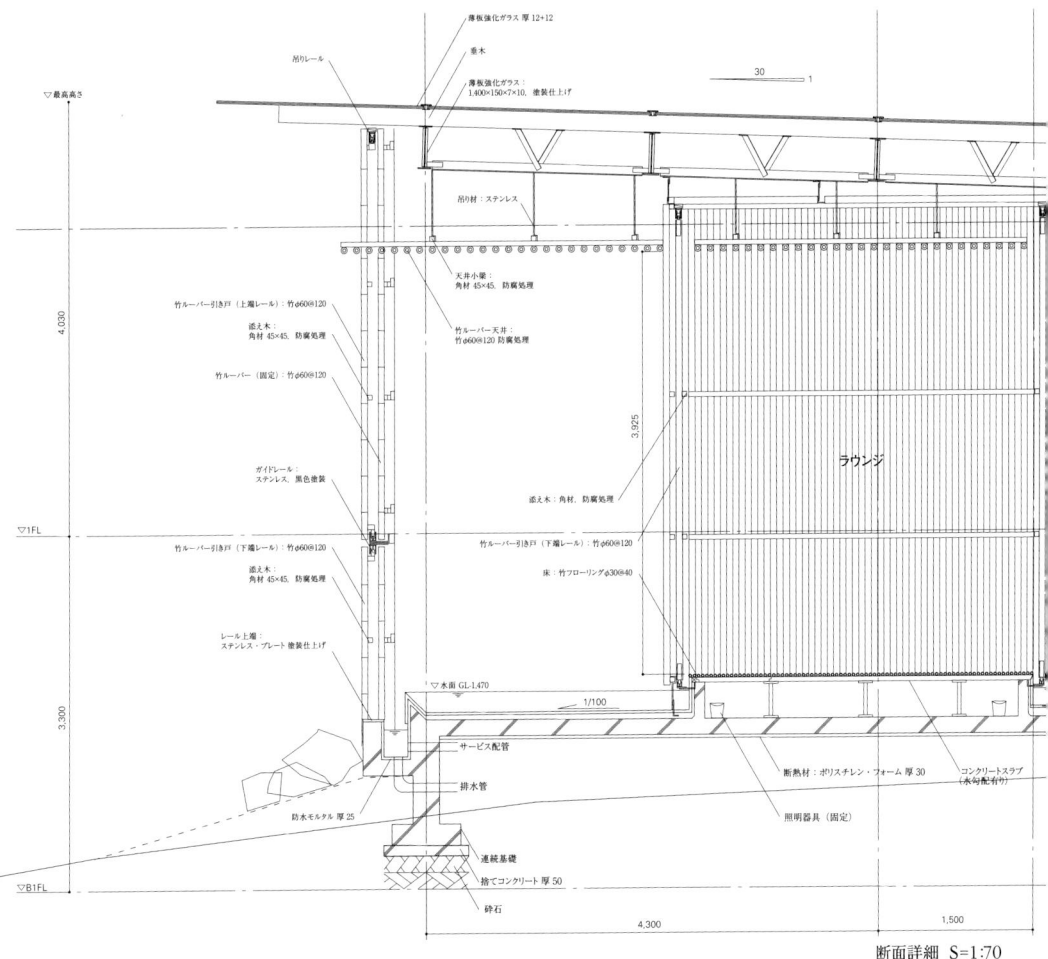

断面詳細 S=1:70

第1章｜伊豆の風呂小屋ができた頃

Great (Bamboo) Wall：食堂(左)と台所(右)

竹のラウンジ

クライアント受けは悪かったのでは？

隈 他の建築家は、典型的な郊外型住宅を提案していたので、覚悟を決めていたのですが……。

幸い、ぼくの案は、クライアントから強い否定をされませんでした。何故なら、見積もりを取ってみると、他の案よりかなり安かったから（笑）。中国では、恒久的建築物の材料として認められていないほど、竹という素材に耐久性を認めていないので、滅茶苦茶単価が安い。そんな材料で覆われているにも拘わらず、実際に完成してみると、ヴィジターたちの人気投票では、常に1位だったそうです（笑）。

その結果を見ると、現代の中国人には、「芝生の上の白い箱」というアメリカ的フィクションとは違うモノに対する強い渇望があったようです。**「Great (Bamboo) Wall」**のようなつくり方は、その後のぼくの住宅設計に於いて、一つの指標となりました。

——「場所と接続可能なのは、永続的な固定資産ではない」と。

隈 ぼくの実家は、祖父母から受け継がれた戦前の木造で、両親の代になっても騙しだまし使っていました。「戦後のアメリカから与えられた夢」でも無かったし、「必死になって手に入れた固定資産としての家」という概念からも遠い空間で育ったことも、**「Great (Bamboo) Wall」**の気付きに繋がったと思います。

元々、近代化以前の住宅は、絶えず大工さんが出入りして、修理を繰り返しながら使っていたわけです。少なくとも、完結した固定資産というイメージは、まったく沸かないものだった。実際、ぼくの父親は自分で家を修理していたので……。模様替えを絶えず繰り返している、間仕切りと家具の集合体みたいな感じで、家を捉えていました。

——中国で実現する以前にも、日本で「竹の家」に何度かチャレンジされています。当時の日本では、「非固定的な物

第1章｜伊豆の風呂小屋ができた頃　023

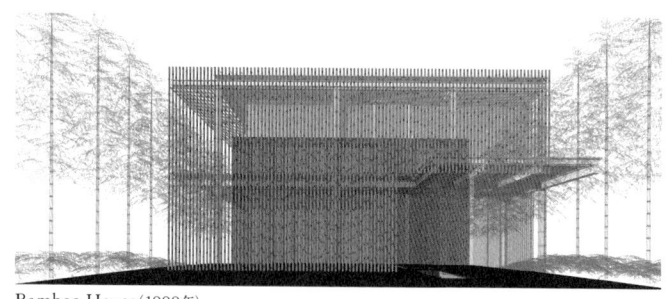

Bamboo House(1999年)

質」と場所との接続は難しかったのですか?

―

隈　確かに、「竹の家」的なモノを提案すると、トラブルになる可能性は高かったと思う。

―

――――同時期に、東京都内で「Plastic House」が竣工しています。この住宅も、場所との接続を図った、隈さん的なチャレンジだった。

―

Plastic House(2002年)

隈　実は、「Plastic House」も、朽ちる材料と場所との接続に挑戦している意識がありました。カメラマンのクライアントは、「コンクリート打放しのスタジオのような家には住みたくない」と、最初から言っていたのです。でも、彼がイメージしていたのは、「木の家」でもないようだった。

　木という材料は、確かにコンクリートより固定資産的なイメージは薄いけれど、わざとらしい新和風に見えてしまう場合が多い。もっと軽い材料を求めている気がしたので、プラスチックを構造材にした、レゴ的な住宅をスタディし始めたのです。

―

――――プラスチックは、法的には構造材として認定されていません。

隈 　様々な実験による検証が必要だったので、現実的には、繊細な鉄骨フレームとプラスチックの組み合わせに落ち着いていきました。当時、プラスチックに抱いていた個人的なイメージは……。単に軽いというだけでなく、一種の脆さを秘めている材料。そうあって欲しいと考え続けた結果、FRPに辿りつきました。

　FRPが風化すると、混合されたファイバーが徐々に露出してくるようなイメージがある。障子に張られた和紙が雨ざらしになった状態と同じ感じは、都心の住宅地にもしっくりくると思いました。ぼくにとってプラスチックは、けして未来を象徴する材料ではなかったのです。

―

那珂川町 馬頭広重美術館(2000年)

―――二つの住宅と同じ頃、**「那珂川町 馬頭広重美術館」**(2000年)が竣工していました。現在の隈建築を語る上で欠かせないヴォキャブラリーである、「孔」や「粒子」、「ルーフ」などが既に発見されていたわけですが、**「Great (Bamboo) Wall」**には、比較的素直に各ヴォキャブラリーが適用されているのに対して、**「Plastic House」**には、ほとんど見られません。

―

第1章 ｜ 伊豆の風呂小屋ができた頃　　　　025

隈　「Plastic House」は、都心ではけして狭くない敷地に計画されていたけれど……。狭い間口で奥行きが長いだけでなく、隣棟が敷地境界まで迫ってきている典型的な都心の宅地だったので、普通に「孔」を開ける余裕は殆どありませんでした。さらに、必要とされている容積を確保しようとすると、「ルーフ」を使って敷地に馴染ませることも容易ではない。「日本の都市状況は、住宅ですら屋根が使えないんだ」ということを、初めて知ったのです(笑)。

　「どうやったら、〈孔〉や〈ルーフ〉が持っているような、場所との接続性を得られるのか?」と試行錯誤した結果、「1階全体が、一種の〈孔〉であり土間である」と捉えることにしたのです。そして、バルコニーという第二の大地が、住宅全体を象徴するプラスチックのエレメントとして、「粒子化」され浮遊する。

―

――― 表面的な軽さや形式ではなく、一種の質実さを良しとする。その感覚は、長い時間を掛けて培われてきた日本的価値観にも通じると思います。

　例えば、新古今和歌集に所収されている、「花をのみ 待つらん人に 山里の 雪間の草に 春を見せばや」という、藤原家隆の歌があります。「利休の茶」の理解を促す際にも良く例示される有名な和歌ですが、「場所から切り離された生け花よりも、雪間に見える地面からの芽吹きを良しとする」とも読み取れる。

―

隈　確かに、東京都心でも、与えられた場所に幾つかの種を植えてみれば、幼気な萌芽を発見できるんじゃないかと期待していた所がありました。和紙ではとても育たないし、RCだと余りにも強すぎて、場所自体を殺してしまう。やっと、都心でも場所との関係性を維持しながら育つ、FRPという種子を発見できた感じがありました。

　一方で、万里の長城のそばで計画されていた**「Great (Bamboo) Wall」**も、地面から自生してきたような状態が、理想だったわけです。だから、地面なりに緩やかにカーブしたボトムラインから、足場に使われる

ような竹が群生しているような感じになっている。

———— その後の住宅設計においても、場所との接続可能性の実験を、繰り返してきたわけですね。

隈　「各々の環境で、ギリギリの状態で育つ種が見つかるんじゃないか？」という期待を、常に持ち続けていました。

例えば、「**Plastic House**」と「**Great (Bamboo) Wall**」の連続性で言えば、「**Bamboo/Fiber**」(2010年、p.066-) が挙げられます。関東の郊外にある、紫陽花で有名なお寺へ至る道中に敷地があるので、都心よりシットリしているだけでなく、影も多い。そこで、もう少し湿度感のある素材を芽吹かせたいと思っていたら、竹繊維が混入されたFRPを発見しました。

場所との接続可能性の高い材料(=種)さえ見つかれば、その後のデザインは自動的に成長してくれる。

Bamboo/Fiber (2010年)：FRPの軒下

———— 成長過程は、コントロールしないのですか？

隈　芽吹いた瞬間に、その後の成長を決定づけるリズムを与えてあげる。最初の1小節の旋律さえ決まれば、自動的に全体が生成されてしまう。

————「**ロータス・ハウス**」(2005年、p.056-) や「**鉄の家**」(2007年、p.050-) では、石や鉄などの素材にもチャレンジされています。そこで初期設定された旋律には、共通性がありますか？

隈　あまりにもメロディに拘り過ぎるのも危険です。歌謡曲のように、

第1章｜伊豆の風呂小屋ができた頃

和製コードの予定調和的世界に、自分を閉じこめてしまう。

　メロディのない住宅は駄目だと思いますが、メロディを絶えず疑い、破壊する力も同時になければならない。モダンジャズが元気な時に、マイルス・デイビスが、既成のコード進行に捕らわれないモード・ジャズを提唱しましたよね。聞く側からすれば、マイルスにはリリシズムを伴った美しい和音を奏でて欲しいと思うわけですが、その期待を裏切るような破壊をしてしまう。

　しかし、単にコード進行を破壊しただけではなく、音階による新しい旋律を組み込んだわけです。そこから、新しいタイプのメロディが生まれた。そんな住宅を設計することが、ぼくの理想です。

―

　―――ある時期から、マイルスと袂を分かったジョン・コルトレーンは、メロディやコード進行などの既成概念を完全に破壊する、フリー・ジャズを提唱するようになりました。隈さんは、そこまでは踏み込んでいません。

―

隈　確かに、建築の世界でも、既成のコード進行に留まりたい人もいれば、構造的な破壊作業を目的化してしまう人もいます。どちらも、ぼくのやり方としてシックリこない。ぼくが設計する住宅は、あくまでも、マイルスのようなリリシズムのある緊張感の中に留まりたい。

―

　―――2011年は、東日本大震災が起こりました。現在も、破壊的状況から未だに復興していないのが実状です。今後の日本社会にも、モード・ジャズ的な手法は有効でしょうか？

―

隈　震災後、約2週間経ってから被災地に行ってきました。「20世紀的住宅が、如何に弱いものだったのか？」を、自分の目で確かめないと、先に進めないような気がしたからです。ところが、実際に瓦礫の山を見てみると、想像していた状態とはかなり違っていたのです。誤解を恐れずに言えば、一種の「物質そのものからくる美しさ」を感じた。

　東北地方にも、大手住宅メーカーが台頭しています。まるでショッピン

グセンターに並んでいるような、商品的住宅ばかりで構成された街並みに対して、かなり悲観していたけれど……。結局、そんな商品的住宅ですら、「その場所で手に入るモノ」という制約に、完全に拘束されてつくっていることが判ったのです。

　表向きには、時代とか拘束が無いものとして、フィクションの場所としての住宅デザインのシステムが構築されているでしょ。でも、フィクションが破壊され、下地材が瓦礫として露呈してくると、一種の地域性が見出される。21世紀初めに手に入る材料と言えども、場所的、時間的制約を如実に受けているし、その瓦礫化した粒たちから、時代、場所というモノの圧倒的力が立ち上がっていました。

—

　———日本の現代住宅では、場所や時間の差異が、巧妙に隠されてきたわけですね。

—

隈　白いスタッコや、ビニールクロスで覆うことで、フィクションの世界を演出していた。その軟弱なフィクションが津波で粉砕されてしまったナマな状態を見ると、「未だに住宅は、きちんと場所に拘束されていた」ことが確認できました。「雪間に発見した萌芽」のようなモノが持っている場所性が、瓦礫の中に初めて立ち現れている感じです。

　まさに、「フィクション対現実」という二項対立が粉砕された。そのどちらでもない、物質の何か新しい状態が地面の上に出現したのを見て、衝撃を受けました。新しいベンチマーク(=指標)を見た気がしました。

—

　———震災直後にカタルーニャ賞を受賞した村上春樹氏は、「非現実的な夢想家として」というタイトルのスピーチをバルセロナで行いました。東日本大震災に際して起こった福島原子力発電所事故に触れ、「短期的欲求に対応するために〈効率〉や〈便宜〉を最優先することだけでなく、〈現実〉という言葉にすり替え続けることの危険性」を、訥々と語ったわけです。

　「場所との接続可能性」も、同様のロジックでないがしろにされてきた「非効率的、非現実的な夢想」だった。

第1章｜伊豆の風呂小屋ができた頃

高柳町 陽の楽屋 2000年

1 集会室
2 土間
3 側廊
4 台所
5 倉庫
6 化粧室
7 勝手口
8 落とし板置場
9 室外機置場
10 ロフト
11 水田

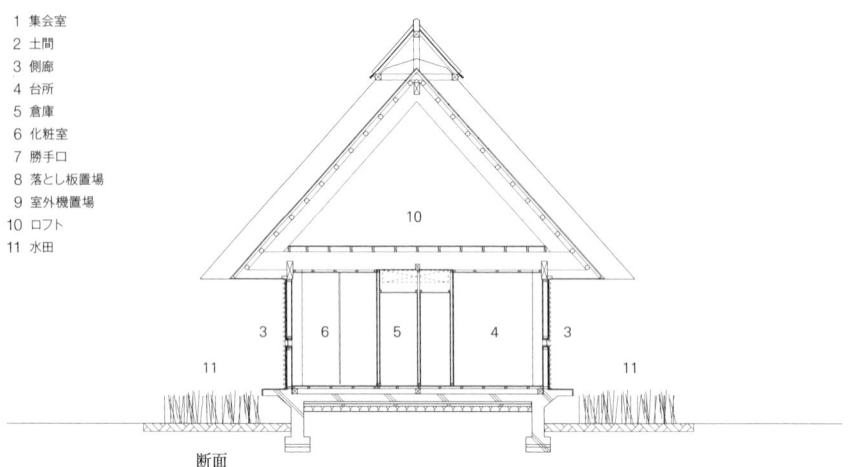

断面

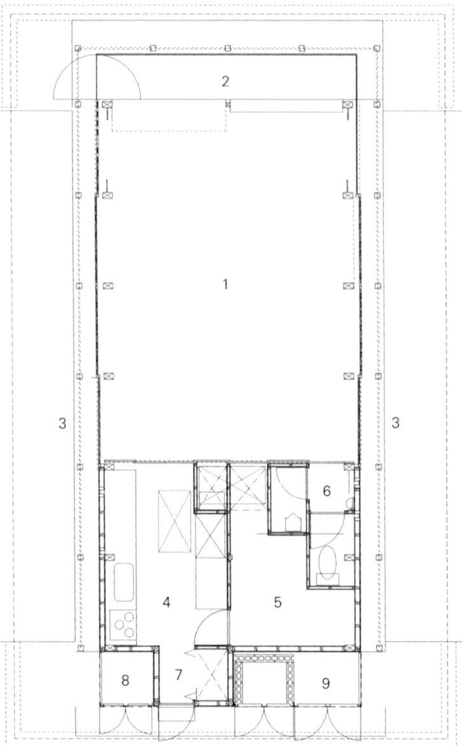

平面 S=1:150

隈　結局、ぼくが探し続けているリアリティとは、フィクショナリティと表裏一体のモノなのです。

例えば、「人間以外の生物は、演技なんてしていない」というのが定説だけど……。ぼくの目から見ると、「生物こそ、演技しかしていない」ように思えます。

「生物はリアルな世界に生きているけれど、人間だけがフィクションの世界に生きている」という考え方こそ、人間の思い上がりです。人間だって、他の生物と同じように、DNAというシナリオに則った芝居の積み重ねによって、何とか過酷な環境の中で生き延びようとしているわけです。

そんな視点に立った途端、「現実vs非現実」という二項対立も意味が無くなってくる。「経済人は現実世界、アーティストや小説家は非現実の世界で生きている」という分類だって馬鹿馬鹿しい（笑）。短期的な効率を「現実」や「リアリティ」と呼んで、絶対化していただけなんです。村上さんによる「非現実的な夢想家として」というスピーチは、そういう「矮小的な現実を超えよう」という意志表明とも理解できました。

―――― 原初の世界は、呪術＝フィクションが社会を秩序立てていたわけです。現代社会は、あまりにもフィクションを排除し過ぎているようにも感じます。

隈　現代人は、「呪術は過去のモノであって拘束的だったのに対し、近代的フィクションは選択的であり自由にエンジョイするモノ」と区別しガチでしょ。でも、どちらも基本的には同じです。フィクションに頼って、なんとか苛酷な環境を堪え忍んでいる。

映画を見たり、POPミュージックを聞いたり、小説を読んだりする行為は、呪術的な祈りと大して変わらない。つまり、「エンジョイと祈りに境目はない」という境地に、ぼくが設計する住宅も到達したいと考えているのです。もちろん、クライアントだってエンジョイしてくれていいわけですが……。その住宅が、現実の街並みやメディアを通して外部に晒されることで、ぼくが住宅に込めた呪術的な力を、世の中全体が享受してく

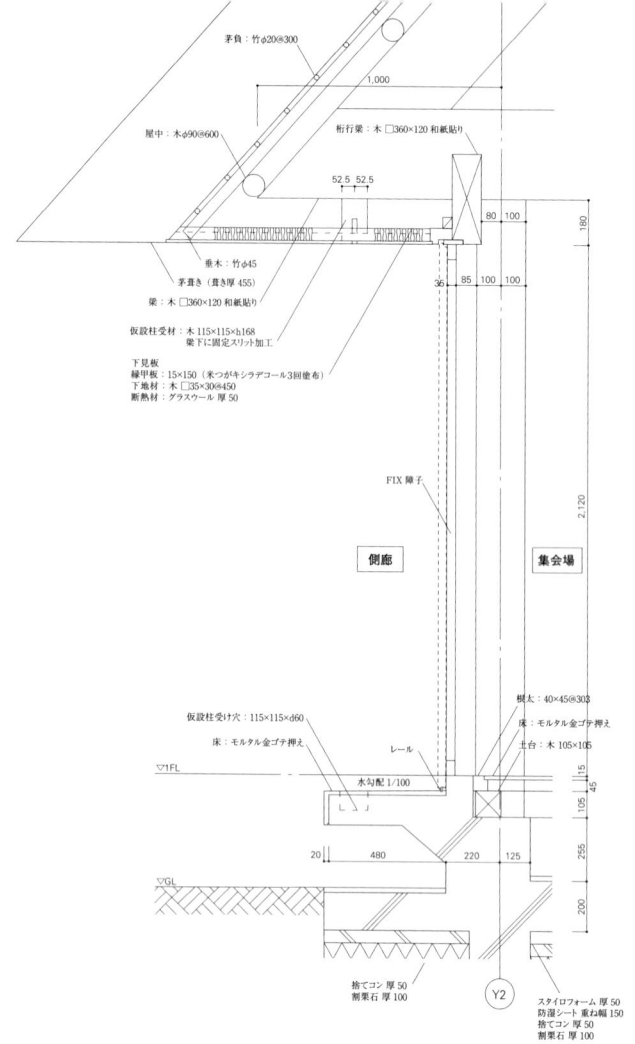

高柳町 陽の楽屋：軒先矩計　S=1:30

れるかもしれない。今でも、優れた建築や音楽は、そんな形で社会の中で呪術的に機能し得ると信じています。

―

――― 呪術的社会の後の日本にとって、大きな変換点の一つは「仏教の伝来」でした。それまで、石や樹木などの自然物を崇拝してきた社会が、仏陀という一個人の思想を社会秩序のベースとした。その際に、仏陀の教えをどのように日本人

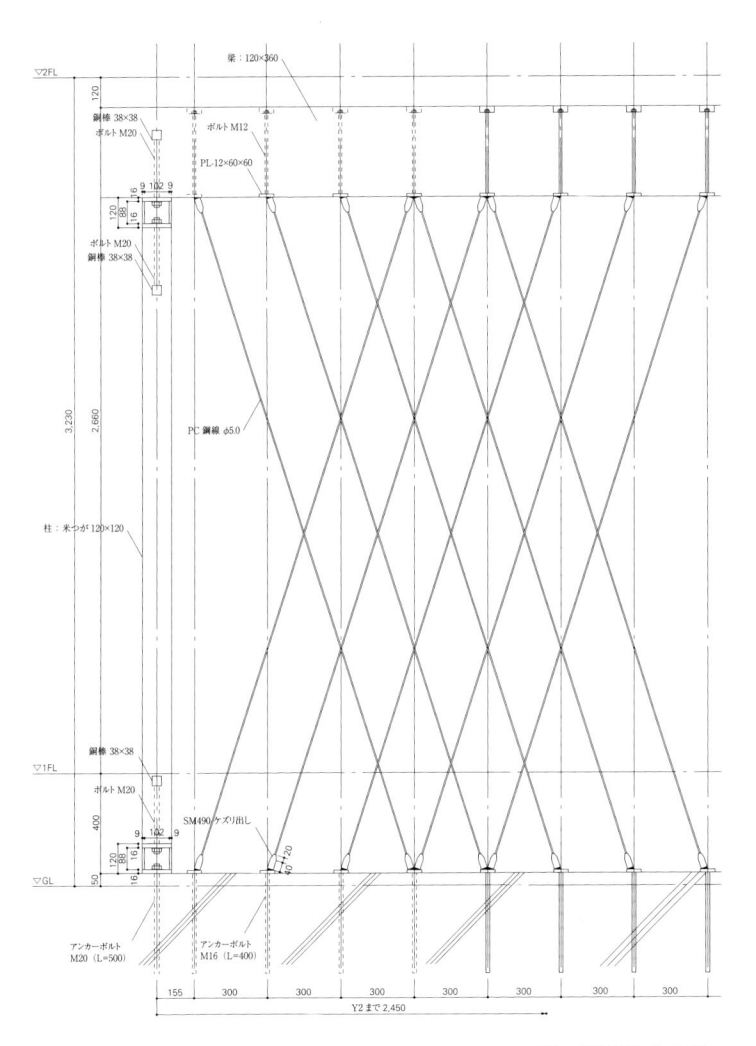

ブレース部詳細　S=1:30

に理解させるかは、大問題だった筈です。

　当時の伝道師たちが取った手法のひとつは、漢文訳された経典を、韻を踏みながらサンスクリット語読みすること。例え、経典の意味が理解できなくても、独特のリズムを合唱することで、仏教の世界観を共有してしまう。現代日本でも、法事の時などの読経に、その名残があります。

　一

高柳町 陽の楽屋:全景

隈　住宅だって、様々な形で世の中に伝搬されることで、人々に何らかの「救い」を与えられる。例え写真を通じてでも、そこから読み取れる独特の韻に共鳴することで、呪術的な没入感を得ることができる筈です。
　「人間って、何に反応しているのか?」と考えてみると……。興味対象の表層(=グラフィック)や意味以上に、それ自体が持っている音質やリズム、感嘆の抑揚みたいなモノだと思う。それらが空間と一体になっただけで、人々の欲望やストレスが洗われてしまう可能性だってある。

―

——— 物質(=叙事)と非物質(=叙情)の区別さえ、無効化してしまいそうです。

―

隈　プログラムも構造もマテリアルも駆使することで、空間を徹底して分解していく。その果てに、新しい旋律が立ち顕れるような状態に、今、最も興味が沸いているのです。

集会室内部

和紙とガラスによる建具

第1章｜伊豆の風呂小屋ができた頃

第2章 材料に対する興味

Plastic House 2002年

──西洋音楽における本格的な進化は、王族や貴族などパトロンからの依頼に対して、「如何に主題を提示できるか?」の模索から始まったそうです。その後、主題のバリエーションが増えてくると、ひとつの楽曲の中に第2主題を盛り込んだり、複数の主題の繋ぎ方にまで問題意識が広がってくる。

　　　隈さんが設計する住宅において、クラシック音楽における主題のようなモノは何でしょうか?

隈　まずは、床のあり方かな……。そして、床の上に架構される上屋が第2主題。

　　　──でも、初期の**「Plastic House」**(2002年)や**「Great (Bamboo) Wall」**(2002年、p.018-)を発表された頃、床について語られていた記憶がありません。第1主題(=床)がハッキリしないまま、相対的なイメージとして、FRPや竹という材料が浮かび上がっていたように感じます。

隈　仰る通り、初期の住宅は、「床と天井という二つの水平面で挟まれている」という「構成」を、あまり意識していませんでした。むしろ、その間に入るモノたちを、Instrument(=材料)として強く意識していたので、床や天井は事後的に自然発生してくる感じだった。

　　　──主題の無い状態で、材料を探索していた?

隈　特に**「Plastic House」**は、その傾向が強かったと思います。実際、水平面の構成を、それほどハッキリさせていません。

　　　──デビュー作、**「伊豆の風呂小屋」**(1988年、p.010-)でも、同じような感覚でしたか?

隈　床を地面から浮かしていたので、構成的には最近の主題に近い

Plastic House：夜景。東より見る

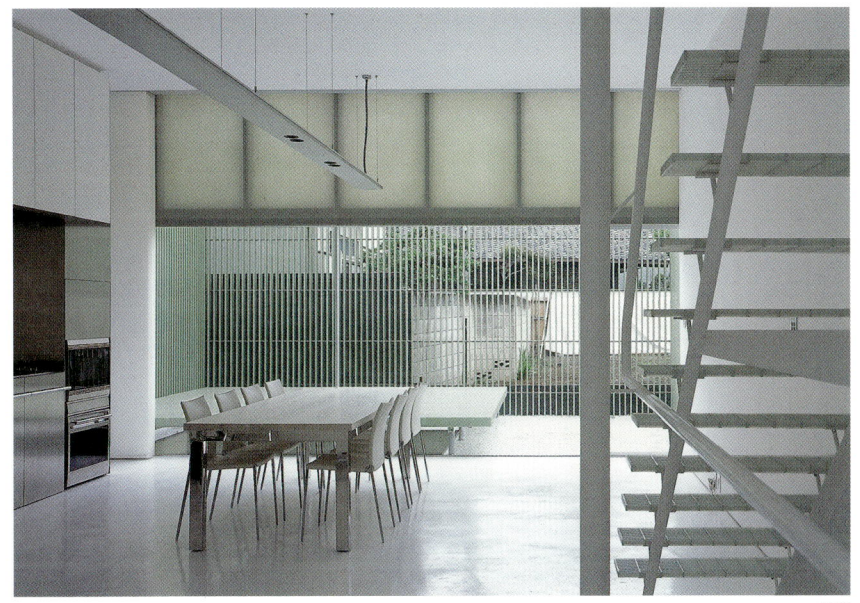

居間

2階寝室

第2章 | 材料に対する興味

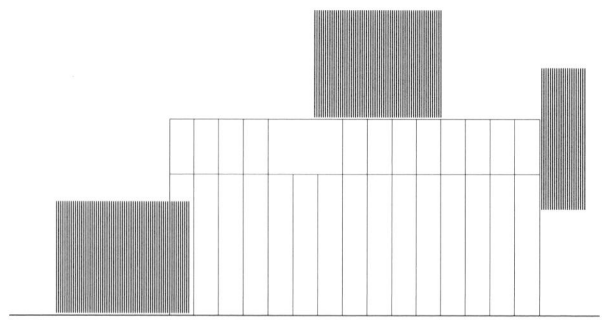

Plastic House：北立面 S=1/300

けれど……。当時の関心は、空間を覆い尽くすパーティクルボードに集中していたので、「二つの水平面の間」という感覚は薄かった。

―

―――あくまでも「物質と身体の素朴な関係」が、関心の的だったわけですね。

―

隈 例えば、ル・コルビュジエのコンクリートの使い方は、「その材料が、どんな構造や形態を誘導するのか？」という意識が強いですよね。「人間にとって、どんな影響があるか？」という関心は、ほとんど感じられない。結局、剛性の高い四角い箱を空中に浮かせる表現で、最もアピールできる材料がコンクリートだったということです。

スティールであれば、ミースのようにグリッド状のフレームを組むことが、最も適している。何れにしろ、建築材料として台頭してきた、コンクリートやスティールの素性自体にのめり込んでいたんじゃないかな。

―

―――つまり、工業製品的な意識が強かった？

―

隈 その通りです。住宅規模の体積を有するコンクリートの空間を要領よくつくるには、どう製品化したら良いのか？ 要領よく製品性能を上げることこそ、機能主義にも通じるわけです。

あくまでも、製品ロジックとしての機能主義が語られているのに、未だにコルビュジエたちを人間主義的に過剰評価する大きな誤解がはびこ

りすぎていると思う。

――― 具体的には？

隈　どう考えても、「食べる」や「寝る」など、人間的な生活機能を重視しているようには見えない。

　もちろん、コンクリートや鉄が材料として新鮮だった頃は、製品自体もそれなりの鮮度を保っていたわけですが……。コンクリートや鉄による製品にフレッシュさを感じられない現代では、「製品の中で人間という

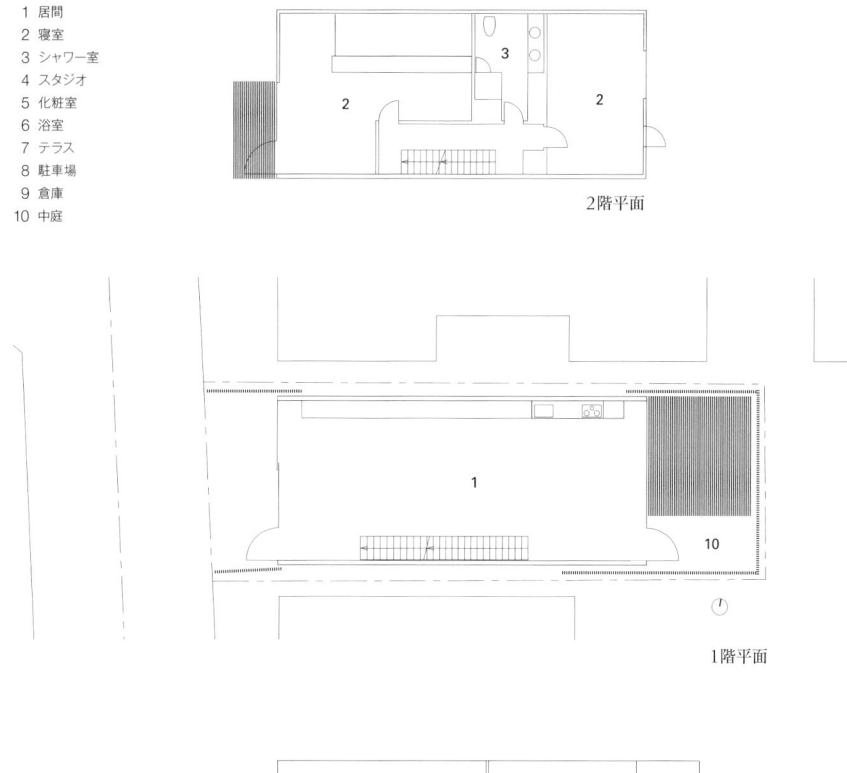

1　居間
2　寝室
3　シャワー室
4　スタジオ
5　化粧室
6　浴室
7　テラス
8　駐車場
9　倉庫
10　中庭

2階平面

1階平面

地階平面　S=1:300

第2章｜材料に対する興味　　041

Plastic House：中庭

生物が何をするか？」という思考に立ち戻る必要を感じたのです。当然のように、「人間の身体」や「製品が置かれる具体的な場所」へ、意識が向かわざるを得ませんでした。

―

――― そこから隈さん独特のマテリアルに対する興味が生まれてきた。

―

隈　Instrument(＝材料)に対するファースト・アプローチは、コルビュジエやミースのような製品主義的スタンスだったかもしれません。例えば、「**Plastic House**」の時は、「前例の無いプラスチックを用いて、如何に要領よく住宅として製品化するか？」からスタートした。

　設計を進めていく内に「身体」や「場所」へ目覚めていき、ちょっと独特のInstrument感を持つようになったと言った方が正しいと思う。

―

――― 少なくとも、演奏の難易度を競うような、マテリアルの使い方はしていないように感じます。

―

断面詳細 S=1:60

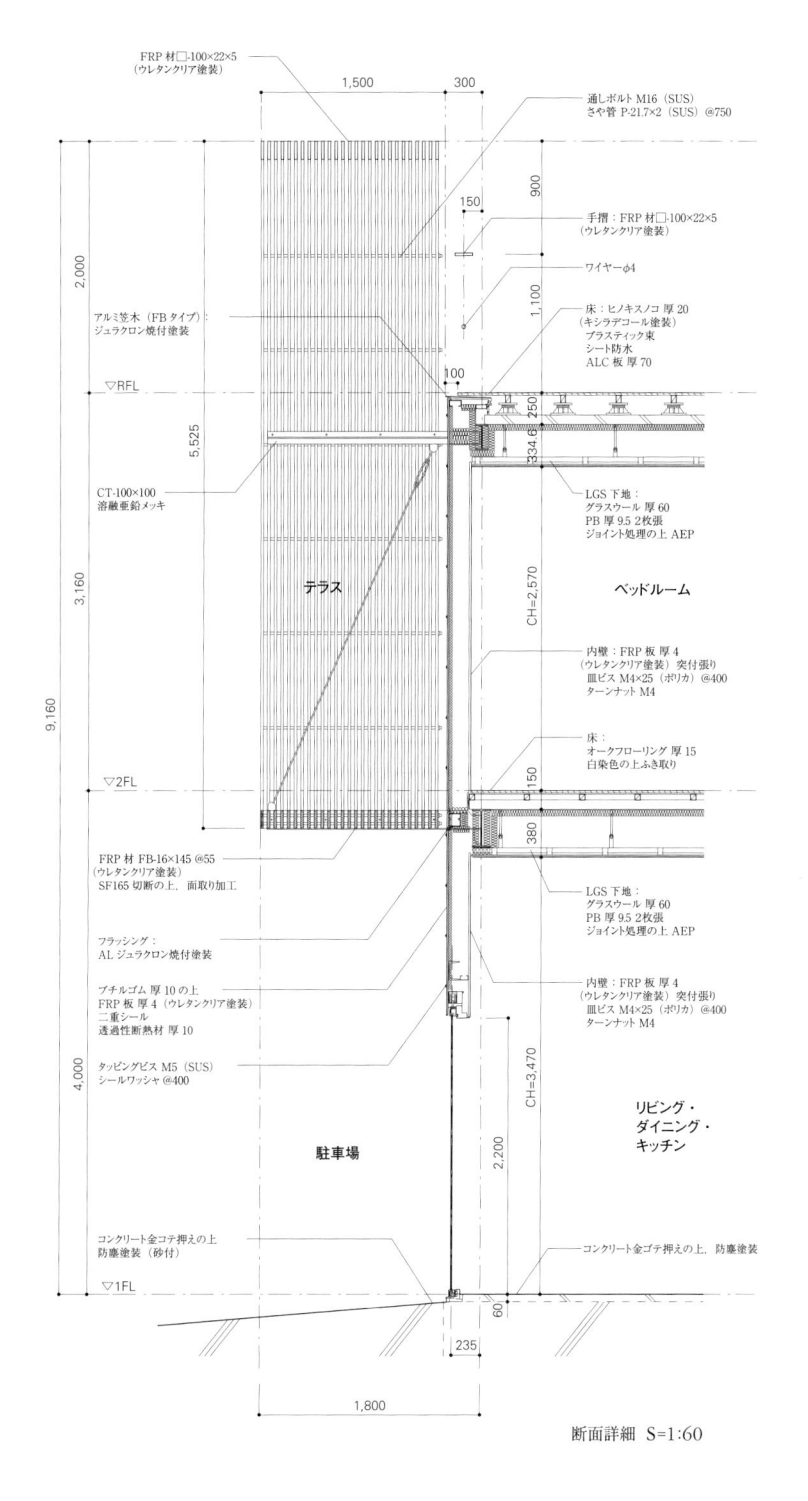

第2章｜材料に対する興味　　043

隈　バイオリンというInstrument（=楽器）が持っている可能性を、鮮烈なかたちで、ある驚きを伴って新曲として提示する。そういう「素直さ」は、ぼくには初めから無かった（笑）。

　ぼくのInstrument（=材料）に対する興味は、単純にコンクリートや鉄に対する違和感や敵意から始まっているわけです。その結果、当初は、コンクリートや鉄に対抗できる批判的な道具として、木や紙、プラスチックを意識していました。でも、使い続けながら様々な学習をする内に、コンクリートや鉄への反感に呪縛されなくなってきました。もっと素直に材料と向き合う方向へと、進化していった。

———

───マテリアルの選択は、どのように行っているのですか？　近代化以前の「民家」では、地域毎に身の回りにある材料で、住まいを組み立ててきたわけです。そんなブリコラージュ的な手法が、「身体」や「場所」との接続可能性を高めていたとも言えます。

———

隈　実は、現代的なブリコラージュを意識し出したのは、ごく最近のことなのです。もちろん、**「伊豆の風呂小屋」**の頃から、単なる質感でマテリアルを選んでいたわけではなくて、「手近にある、安価で手に入るモノ」へのブリコラージュ的情熱が、潜在的にありました。当時のぼくなりに精一杯、トンガった材料を探した結果、**「伊豆の風呂小屋」**ではパーティクルボードに辿り着いた。

　「Plastic House」で使ったFRPにも、同じ様な好みが反映されていた。あそこで選んだFRPって、プラスチックの中でもドン臭い材料なんだよね（笑）。

———

───昔からある材料だし、吹き付けたり練り付けたりする粘土のようなプラスチックでもある。

———

隈　FRPという材料に辿り着いた時は、プラスチック的な柔らかさの中に、繊維が透けて見える和紙のような暖かみも感じられて、「自分好み

の材料をやっと見つけた！」と舞い上がっていました。

　今のぼくには、それらの特徴が「FRP独特のドン臭さと一体のモノだ」と、自分の内にあるブリコラージュへの指向性を冷静に判断できるようになってきました。

———　パーティクルボードというInstrumentから奏でられる音色と、FRPの音色は違うものでしたか？

隈　　結構、似たような響きだと感じていました。例えば、パーティクルボードはある種の雑音を含んでいる、モヤモヤとした小さな雑音の集合体のような空間になる。
　FRPで囲われた空間も、似たような「雑音の集合体」ですよね。

———　同じ「雑音の集合体」でも、**「伊豆の風呂小屋」**には、必然的に発生してしまう「不協和音」をそこかしこに感じます。

隈　　オフィス空間であれば、そもそも生活の中でも限られた部分だけを切り取ったものだから、「不協和音」を排除し易いけれど……。「住宅の設計」においては、必ずと言って良いほど「不協和音」が発生してしまうのです。人間の生活自体が乱雑なものなので、「不協和音」に成らざるを得ないモノがドンドン介入してくる。それが不快に感じられなくなるようなInstrument（＝材料）の組み合わせや、リズム設定があり得るんじゃないかと、最近のぼくは感じています。
　今、**「伊豆の風呂小屋」**の頃を振り返ってみると、安藤忠雄さんの**「住吉の長屋」**や伊東豊雄さんの**「中野本町の家」**（共に1976年）のような「無雑音の住宅」を何しろ否定したかったんですね。

———　住宅でさえ雑音や不協和音を排除することで、差別化されていた。

隈　　ぼくには、オフィスビルにしか無いような「無雑音性」を、住宅の中

住吉の長屋(設計：安藤忠雄／1976年)　　中野本町の家(設計：伊東豊雄／1976年)

へ強引に持ち込んでいるように見えました。安藤さん以前にも「コンクリート打放し」を使った建築家はたくさんいたけれど……。彼らとの決定的な違いこそ、その「無雑音性」だった。

　ぼくたちの上の世代(=野武士世代)への批判として、**「伊豆の風呂小屋」**は意識的に雑音だけで構成してみたけれど……。意図的に雑音を入れること自身が、せっかくの雑音を冒涜しているように、今のぼくには感じられます。当時のぼくは、雑音やそれによる不協和音自体が、手段化していたんですね。

―

――― 野武士世代でも、石山修武さんのように雑音を駆使する人もいました。

―

隈　あまりにも意図的に雑音を使い過ぎている内に、雑音自体が「フェイクの音」に聞こえてしまう。「無雑音」の住宅にリアリティを感じないのと同じように、そこで展開されている営みが「フェイクの生活」と見られてしまう。

　前近代的な「日本の民家」は、様々な生活の雑音を受け入れながらも、耳障りじゃない状態を醸し出していた。そんな感じのノイズの中にある静けさみたいなものを、現代日本の住宅でも実現したいと考えていたのです。

―

　　　　　───同じ様な雑音がある「Plastic House」に、それほ
　　　　　ど不協和音を感じません。意識的に排除されたのですか？
　　　　　─

隈　　不協和音を消そうとしなくても、マテリアルの粒子感やザラザラ
感、光の扱い方などによって、不協和音を耳障りでなくすることができる。
「Plastic House」をつくりながら、そんなことに気が付きました。
　　　　　─
　　　　　───無雑音の中で美しい旋律を奏でるための有効な手
　　　　　段として、プランニングが活用される場合が多かったと思い
　　　　　ます。斬新なプランニングによって、その空間にオリジナリテ
　　　　　ィ溢れるリズムが生まれ、メロディも奏でられる。でも、隈さ
　　　　　んはそんな方法にソッポを向かれます。
　　　　　　　プランニング以外、何で空間にリズムやメロディを生み出
　　　　　そうとしていたのですか？
　　　　　─

隈　　ひとつは、床、天井などの水平エレメントと垂直エレメントの関係
性。「水平エレメントを強く、垂直エレメントを弱く」という原則を徹底し
て、そこに水平性優位の場がつくり出せれば、その中に置かれたものが
自動的にリズム（＝構造）を生み、メロディ（＝粒子感）を生み出す。
　　　　　─
　　　　　───「Plastic House」のように、水平エレメントを意識
　　　　　していなかった初期の住宅は、それほどメロディアス（＝旋律
　　　　　的）な空間ではなかった？
　　　　　─

隈　　各エレメントの強弱は無意識的に付けていた気がします。例え
ば、「コンクリート直押さえの重たく強い床に対し、FRPの弱い垂直面を
ぶつける」という暗黙の強弱ルールがありました。
　　　　　─
　　　　　───でも、最近の隈建築ほど、明確なリズムやメロディは
　　　　　生まれていなかった。いつ頃、どんな材料によって自覚化さ
　　　　　れたのですか？

隈　「伊豆の風呂小屋」の後、「**水/ガラス**」(1995年、p.014-)や「**森/スラット**」(1999年)などのゲストハウスをつくっていました。それらは本当の意味での生活を求められないので、簡単に雑音を排除できていたからな……。

森/スラット (1999年)

———— 雑音があったら、「**水/ガラス**」というタイトルに象徴されるような緊張感が台無しです。

隈　そう考えると、やっぱり竹の家ですね。少なくとも、「**Great (Bamboo) Wall**」は人間が生活することが前提で計画されたモノなので、雑音を排除できません。直径60mmの竹だけを使って、そのリズム感だけで空間全体を整えようと考えました。その竹の壁自体がある種の雑音性を持っているので、生活から発せられる雑音がその中に融けてしまうのです。

———— FRPよりも、扱いづらいInstrument(=材料)だったわけですね。

隈　竹という材料は、直径60mmを二つに割るだけでも高度な技術が必要だし、その手間賃がコストにも反映されてしまう。粒子の基本単

Great (Bamboo) Wall：竹ルーバー天井の詳細　S=1:30

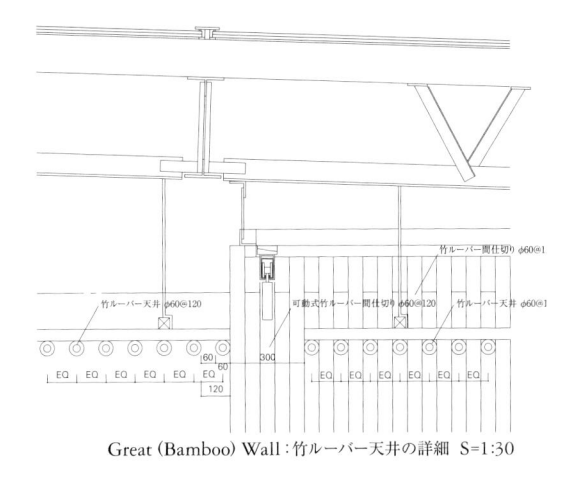

位を決めてしまうと、ピッチと方向性だけでメロディ(=粒子感)を生み出さざるを得ない、本当に不自由な材料なんです。今思えば、その不自由さによって、逆に「不協和音」の扱い方の良い練習になりました。

　恐らく、竹というInstrumentは打楽器的なんです。メロディを奏でることは無理だし、長音も基本的には出せない。その結果、リズムだけで自分の空間をつくり上げなければならないので、かなり難易度が高いと思いました。

　　　　　　　―
　　　　　――― ほとんどの打楽器は、音を出すこと自体は簡単ですよね?
　　　　　　　―

隈　　竹という材料はそれ自体、充分なテクスチャーを孕んでくれますから……。その意味では、音を出すだけなら簡単なんです。ただし、それだけで音階を形づくるには、相当な訓練が必要だと思う。

　　　　　　　―
　　　　　――― そういう意味で、「**那珂川町 馬頭広重美術館**」(2000年)で使われた、杉ルーバーより難易度が高いわけですね。
　　　　　　　―

隈　　木であれば、ほとんど同じコストで、20mm角や50mm角見付のルーバーに成形できる自由度があるからね。ぼくにとって木という

第2章｜材料に対する興味　　　　　　　　　　　　　　049

Instrumentは、ピアノに近い感覚かな……。もちろん、鍵盤の数に限りがあるように、材木の長さや太さにも制約がある。無限に音階を拡張できるわけでもないし、弦や管のような滑らかさがない。
　一方で、子供でも容易に弾けるし、演奏の自由度もあるという点で、木はとても魅力的な材料だと思います。

―――打楽器と弦楽器の特徴を併せ持っているのも、ピアノの特徴です。

隈　木にも、同様の複合性がある。だからこそ、汎用性が高い材料

鉄の家 2007年

ピロティ

なんだと思う。

―

――― その後、**「鉄の家」**(2007年)でトライされる鉄は、まったく性質が異なります。

―

隈　鉄というInstrumentを使って音階をつくる。しかも、ミース的な方法とは違う形(=キーストーンプレート)でリズムやメロディを奏でるのは、とても難易度が高いものでした。幾つか課題が残ったことを鑑みると、鉄という材料は、音を出すことすら難しい弦楽器的な性格を孕んでいると思います(笑)。

鉄の家：1階居間/食堂

寝室と廊下。カーテンで仕切られる

1階スティールの階段

地階。和室とエントランスホール

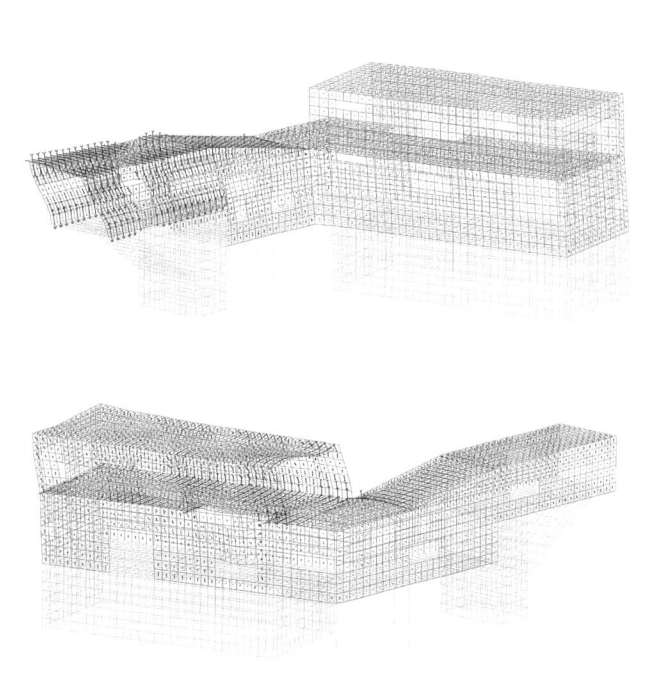

地震時におけるデッキプレート壁の曲げモーメント図

第2章 | 材料に対する興味

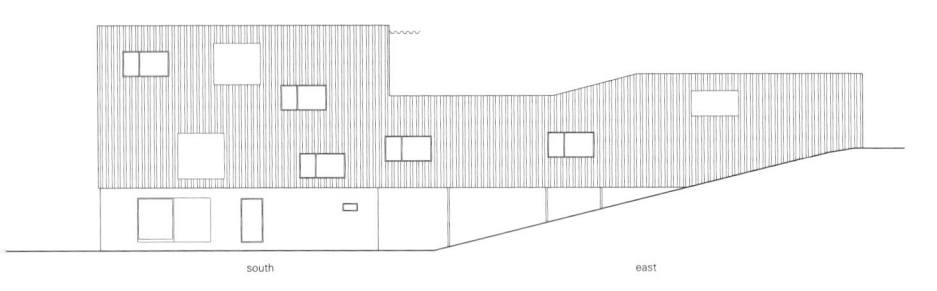

鉄の家：立面

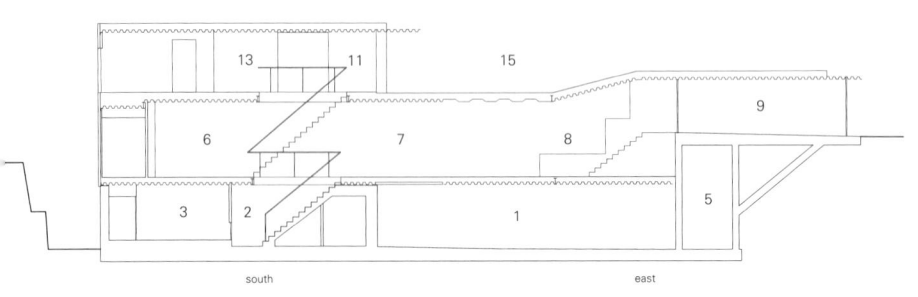

断面 S=1:300

―――― 鉄のような難易度の高いInstrumentにチャレンジできたのも、**「鉄の家」**の直前に竣工した**「ロータス・ハウス」**（2005年、p.056-）で、隈さん独特の住宅的アンサンブルが達成できたからではないですか？

隈 特に、石というInstrumentの扱いに一定の目途がたったことで、金属がやりたくなった。

―――― どうして、石を使うことになったのですか？

隈 「トラバーチンという材料が好きなので、それを使った住宅を設計してください」と、クライアントから提示されたリクエストに答えたからです。正直に言うと、「コレは、よわったことになったな」と当時は思っていました（笑）。

西洋建築史を振り返るまでもなく、石というInstrument(=材料)は散々、建築に使われてきたわけです。特に、トラバーチンという材料は、ミースによる**「バルセロナ・パヴィリオン」**(1929年)という名演奏が存在しているので、どうしたって意識せざるを得ませんからね。

———

──── 近代建築で名演奏が少ない竹とは、最初の緊張感からして違うわけですね。

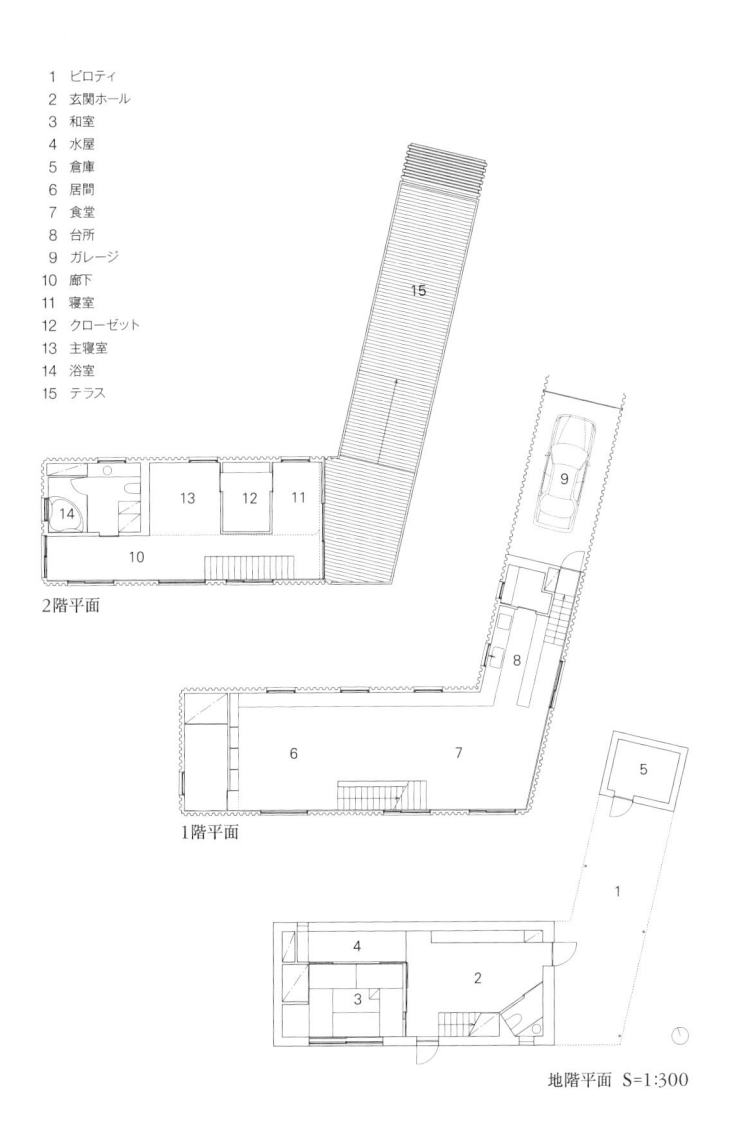

1　ピロティ
2　玄関ホール
3　和室
4　水屋
5　倉庫
6　居間
7　食堂
8　台所
9　ガレージ
10　廊下
11　寝室
12　クローゼット
13　主寝室
14　浴室
15　テラス

2階平面

1階平面

地階平面　S=1:300

第2章｜材料に対する興味　　055

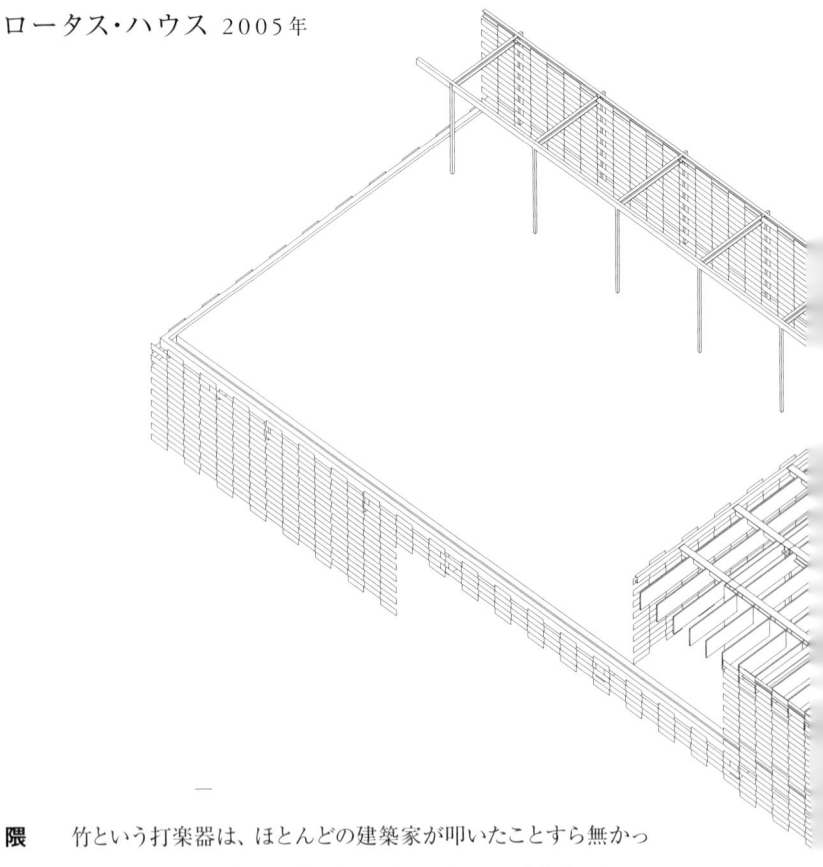

ロータス・ハウス 2005年

隈 　竹という打楽器は、ほとんどの建築家が叩いたことすら無かったので、練習曲ですら新奇性を感じ取ってくれるところがありました。

　ところが、トラバーチンとなると、同じ様なプレゼンでは通用しません。「トラバーチンを使って、ミースと違う音色が出せるのか？」という視

バルセロナ・パヴィリオン（設計：ミース・ファン・デル・ローエ／1929年）

線が避けられないので、とても重いリクエストでした。

―

―――実際、どこから手を付けたのですか？

―

隈　トラバーチンの重さを感じさせない上から吊すディテールや、ルーバーとは異なる別の粒子化(=チェッカー・パターン)。何れにしろ、同じInst-

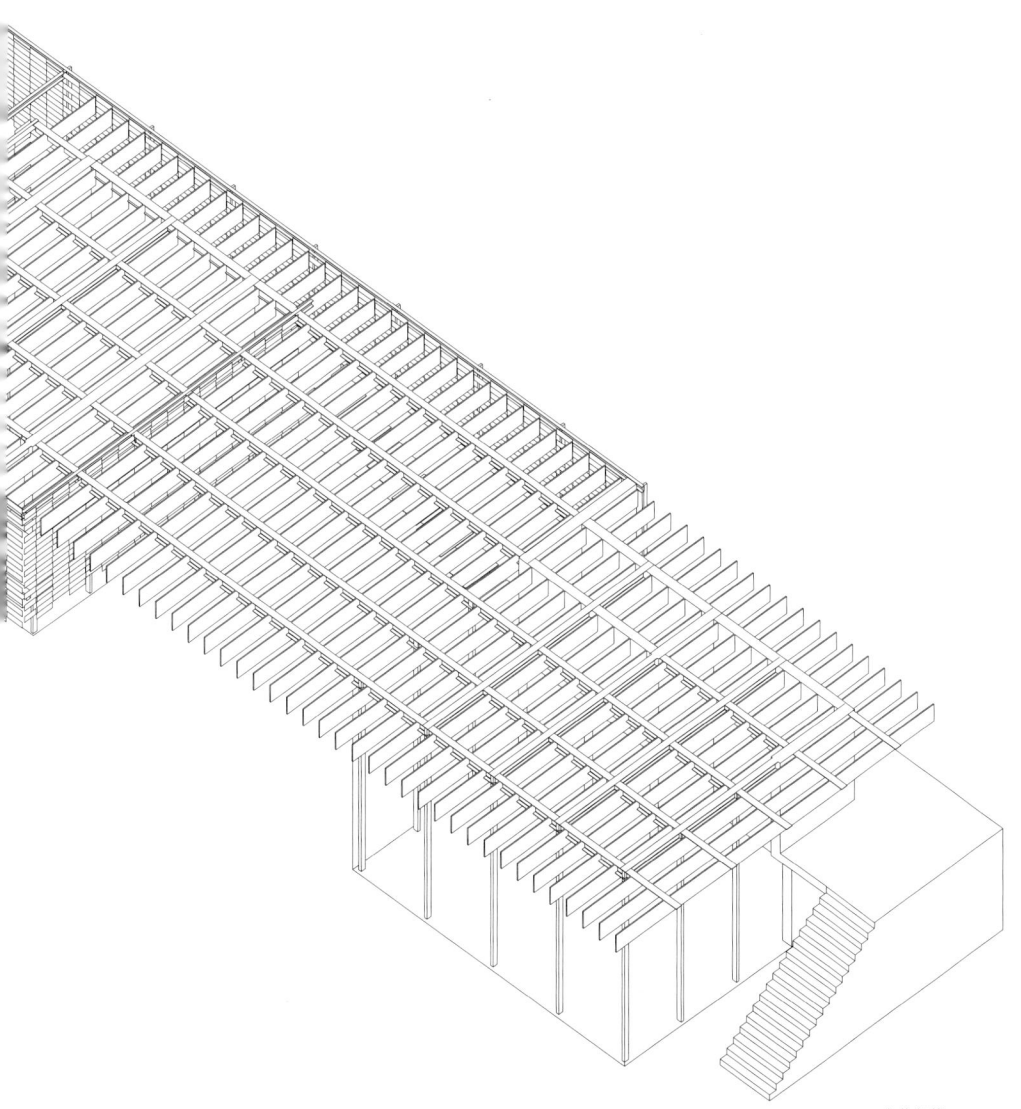

ロータス・ハウス：全体架構アクソメ

ロータス・ハウス：西側全景

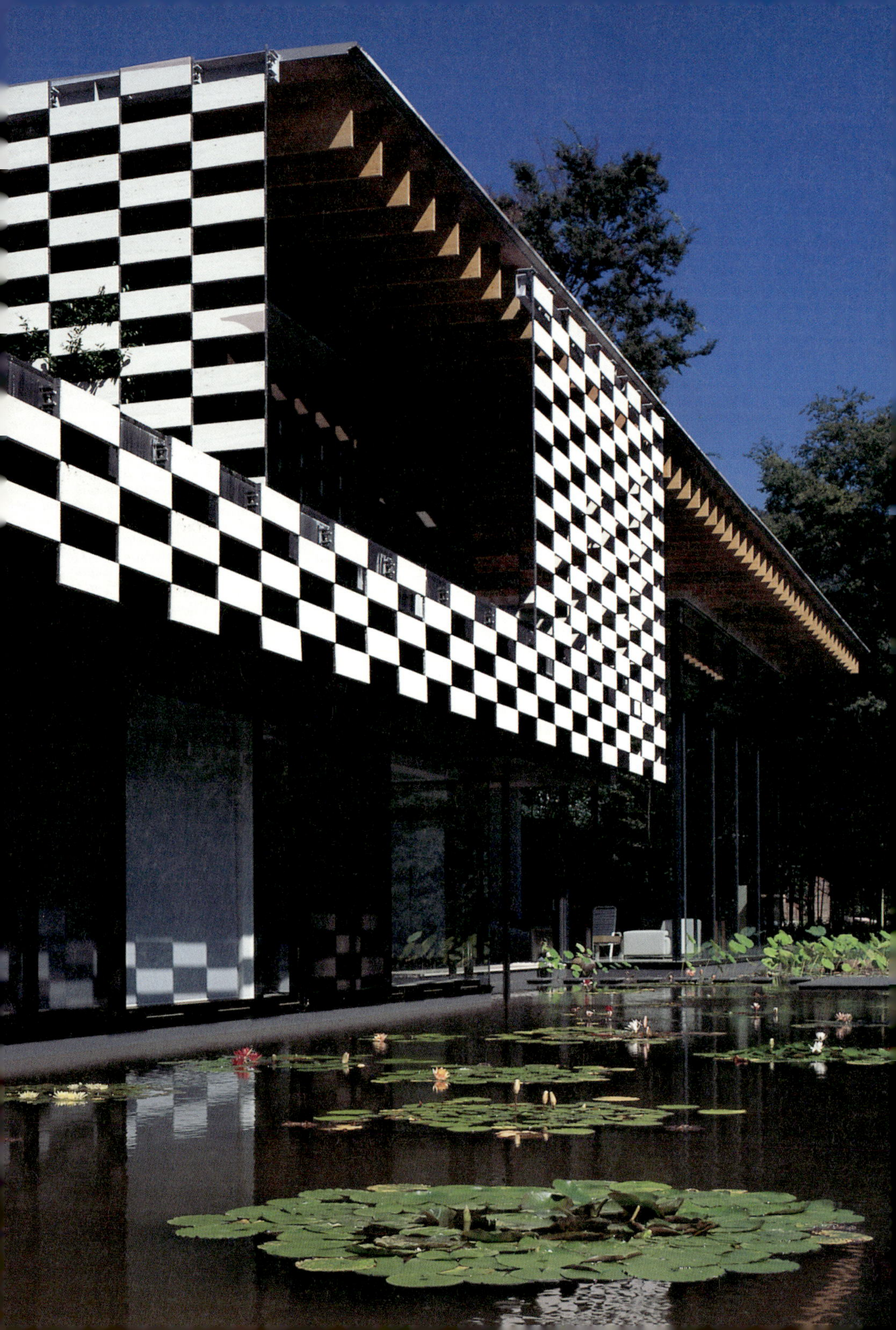

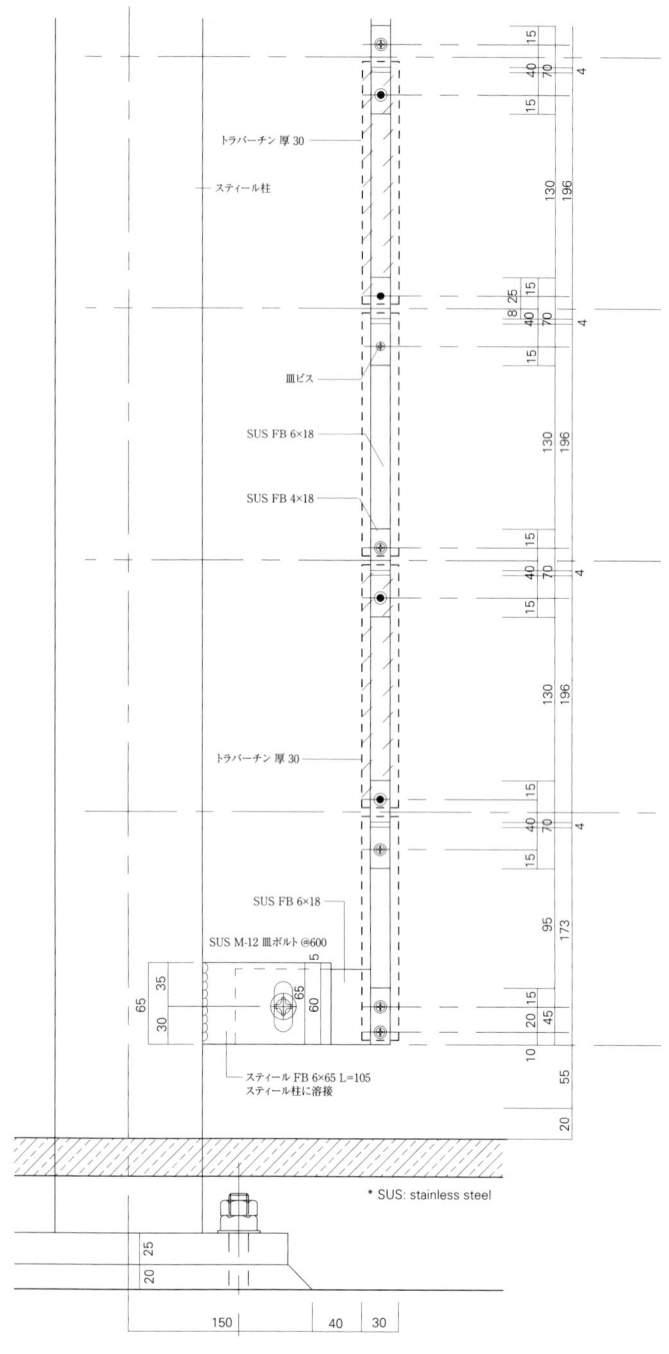

トラバーチン 厚 30

スティール柱

皿ビス

SUS FB 6×18

SUS FB 4×18

トラバーチン 厚 30

SUS FB 6×18

SUS M-12 皿ボルト @600

スティール FB 6×65 L=105
スティール柱に溶接

* SUS: stainless steel

ロータス・ハウス：トラバーチンの部分詳細　S=1:6

第2章｜材料に対する興味

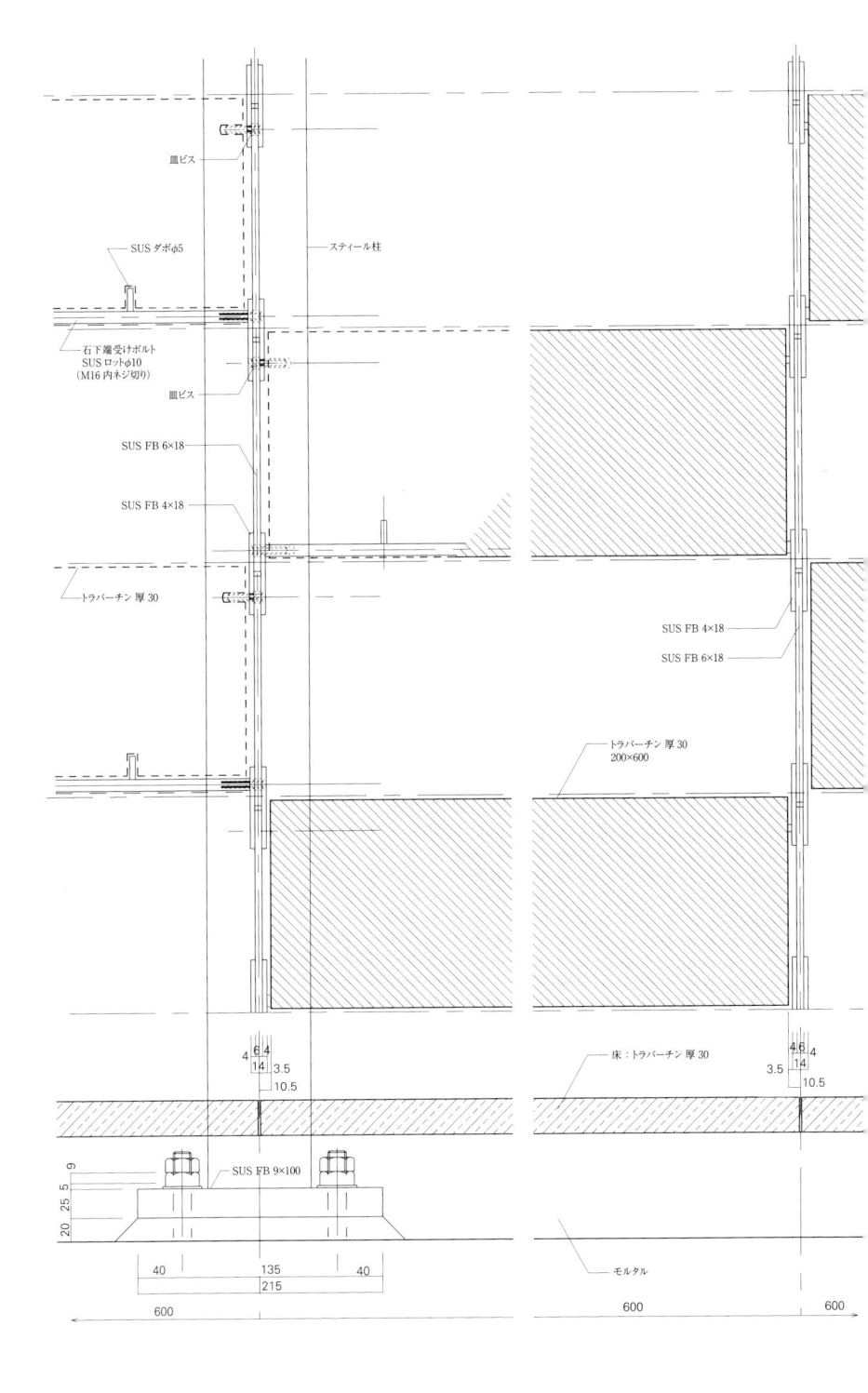

ロータス・ハウス：蓮池より中庭を見る

中庭より食堂/キッチンを見る

居間

第2章 | 材料に対する興味　063

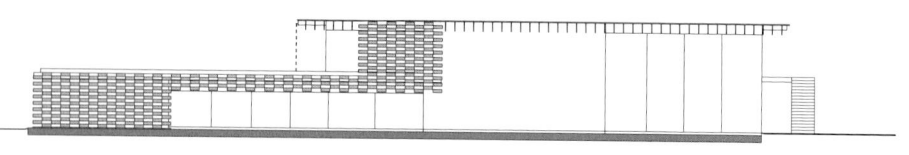

南立面

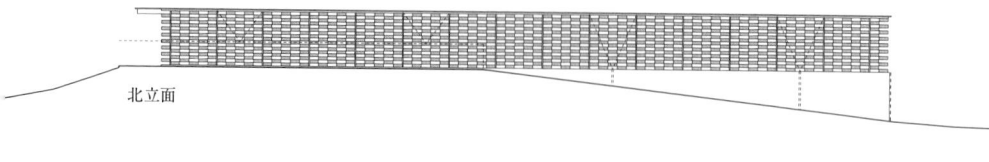

北立面

ロータス・ハウス：断面　S=1:500

rumentを与えられても、別の演奏法を生み出せないかと考えていたのです。弦楽器を与えられても弓で弾かず、弦をはじくピチカートやボディ自体を叩くことまでトライしている感じです。

　もちろん、それらの試みは、ジョン・ケージが達成した革命後に、何ができるかを考えているような側面もあった。「トラバーチンって、こんな豊かな音階も表現できるんだ！」と思わせないと、20世紀の前衛による革命後の聴衆を、十分に惹き付けるのは不可能です。

　「ロータス・ハウス」で設定されたような高いハードルにトライできたことで、住宅以外の建築においても次のフェーズに行けた気がします。

――

　　　――第2主題としての「天井」を意識的に表現したのも、住宅においては**「ロータス・ハウス」**が最初ですね。

――

隈　確かに、チェッカー・パターンに配されたトラバーチンに呼応するように、天井の木ジョイストのピッチも設定してみました。

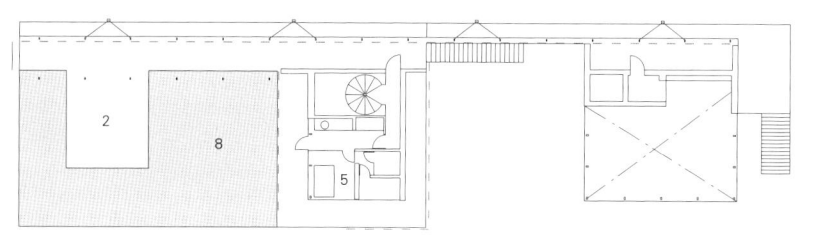

2階平面 S=1:500

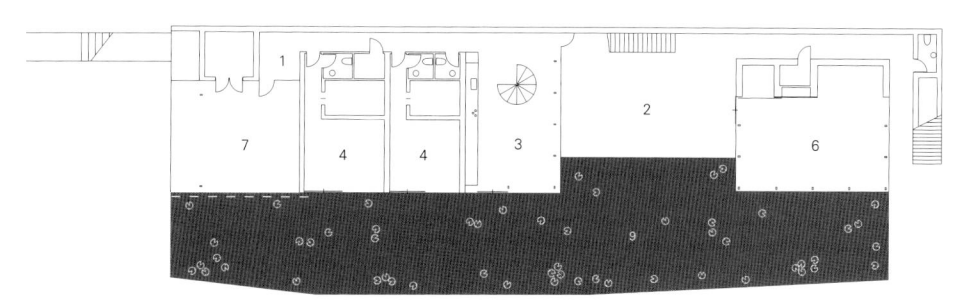

1階平面

1 玄関ホール
2 中庭
3 台所／食堂
4 寝室
5 浴室
6 居間
7 ガレージ
8 プール
9 蓮池

　そういう意味で、単にトラバーチンによる新しい音階を発見しただけでなく、異素材同士を関係付ける「構成」という概念も出てきたのです。床としての水平面がいつの間にか屋上へ転化したり、「孔」を穿つ操作も全体の「構成」に直接的に関わるようになってくる。主構造体=スティール・フレームによって生じる不協和音だって、トラバーチンや木ジョイストが奏でるリズムを輻輳させることで弱められている。構造を表層の中に融かし込む技が見えてきました。

　何れにしろ、今のぼくに繋がる様々な技を**「ロータス・ハウス」**で磨くことができました。

　　　　　　　　　　—

　　　——実際、**「ロータス・ハウス」**以降の住宅では、様々な

第2章｜材料に対する興味　　　　　065

Bamboo/Fiber 2010年

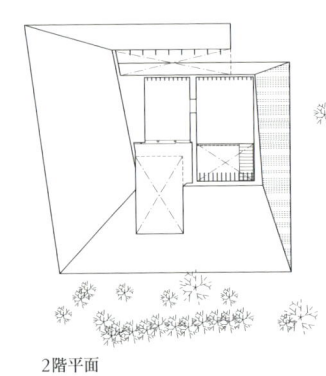

2階平面

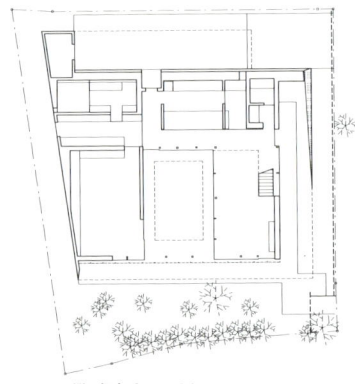

1階平面 S=1:500

066

ホール。竹繊維を含むパーティション後方は台所

ホール

第2章｜材料に対する興味　　067

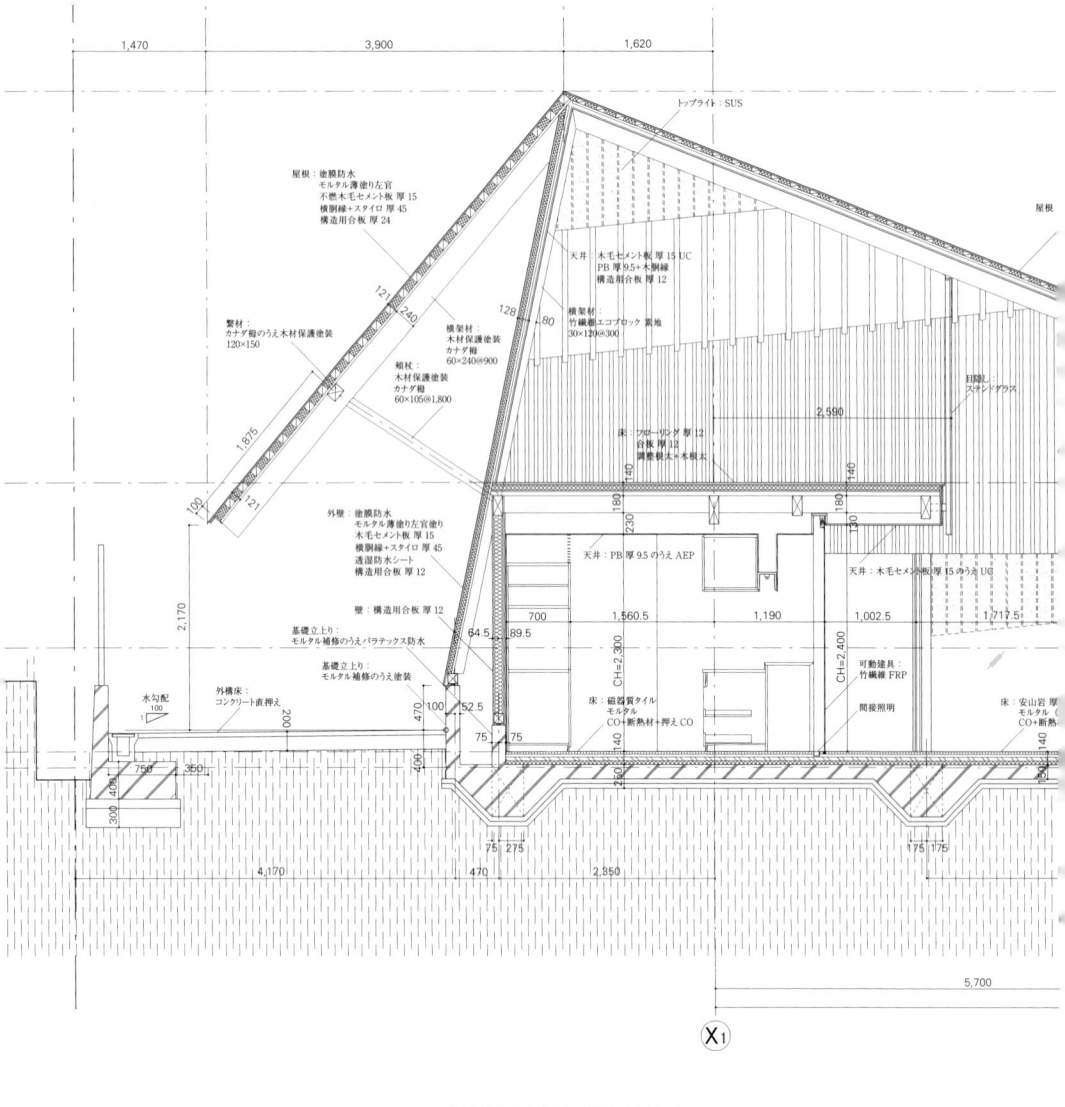

「構成」のスタディが始まります。

―

隈 　住宅の設計で一番面白いのは、雑音だと感じていたものを消去しなかったにも拘わらず、いつの間にか音楽に変わるような一瞬なんですよね。だから、遠慮せずにドンドン雑音を持ち込んでくれるクライアントが懐かしい。

　今、ぼくの作風に惚れてくれているクライアントの殆どは、自分の方から雑音を引っ込めてしまう人が多いのです。その結果、最初からゲスト・

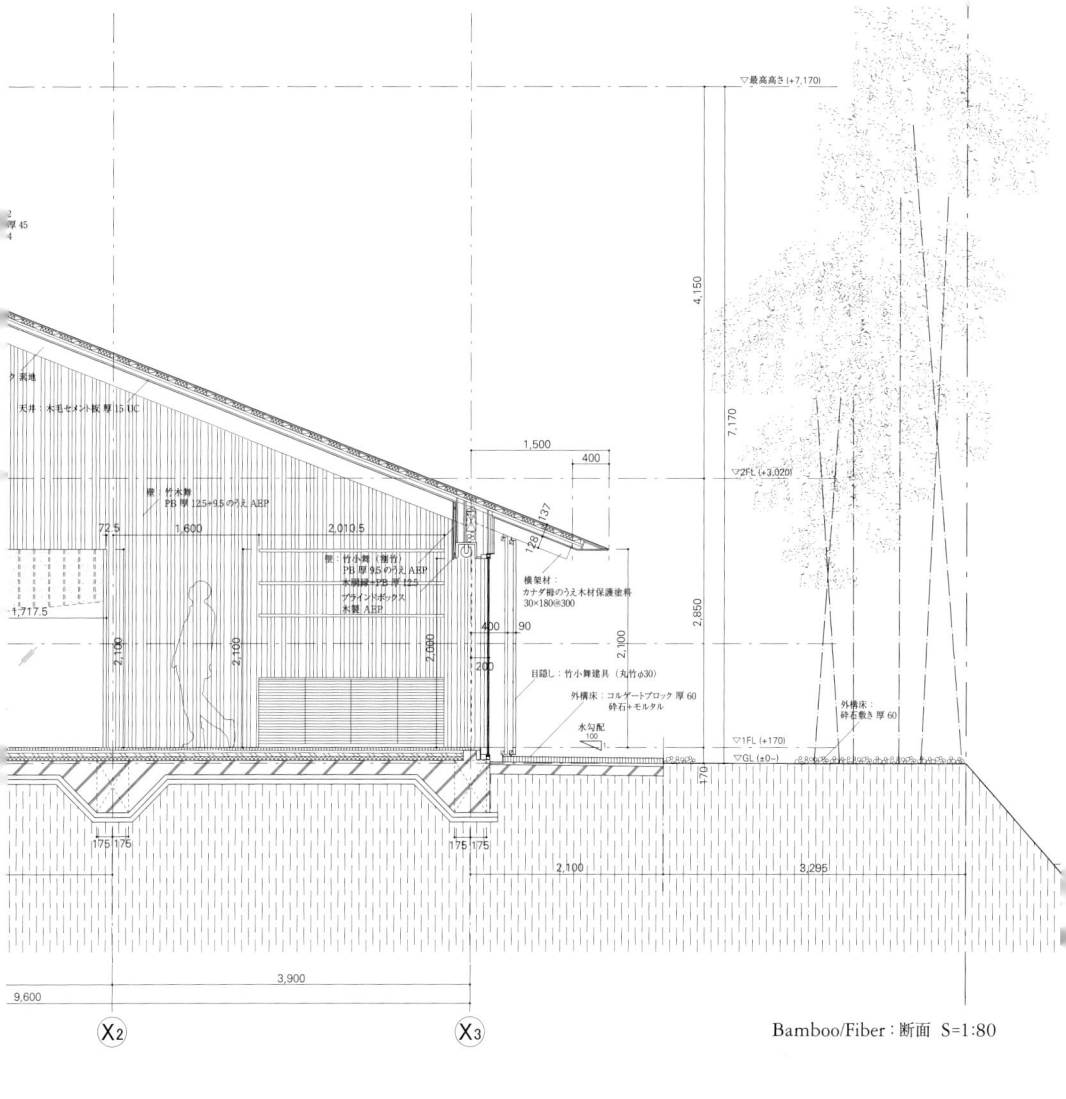

Bamboo/Fiber：断面　S=1:80

ハウス的な性格を孕んでしまうので、物足りなさを感じてしまいます。

―

――― 現代の生活自体、雑音や不協和音が漂白された空間を求めたがります。

―

隈　でも実際は、漂白し切るなんて不可能だと思う。だからこそ、漂白を大前提にした上での住宅のプランの議論には、未だにまったく興味がそそられないのです。

Mesh/Earth 2011年

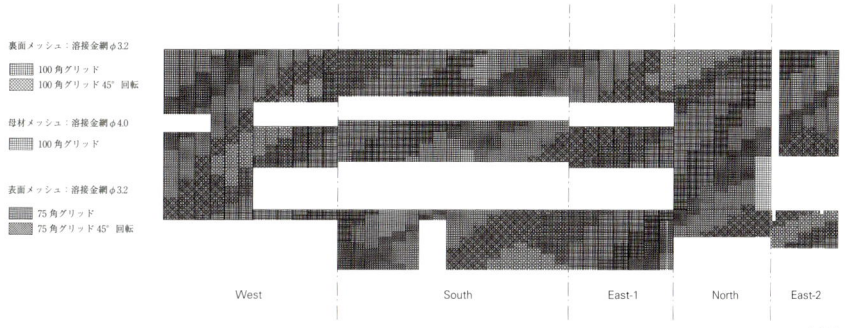

裏面メッシュ：溶接金網 φ3.2
- 100角グリッド
- 100角グリッド 45°回転

母材メッシュ：溶接金網 φ4.0
- 100角グリッド

表面メッシュ：溶接金網 φ3.2
- 75角グリッド
- 75角グリッド 45°回転

West　　South　　East-1　　North　　East-2

メッシュスクリーンの展開

第2章｜材料に対する興味

1 玄関
2 居間/食堂
3 居間/寝室
4 台所
5 和室
6 水屋
7 寝室
8 クローゼット
9 浴室
10 トイレ
11 ルーフテラス
12 水盤

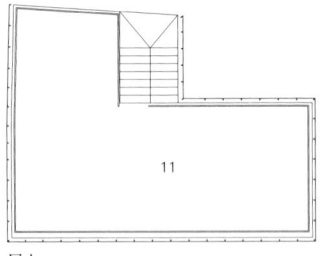

屋上

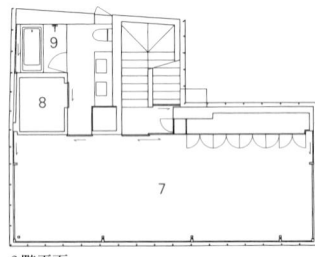

3階平面

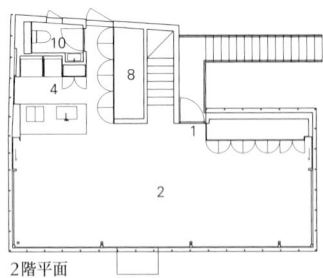

2階平面

Mesh/Earth：1階平面　S=250

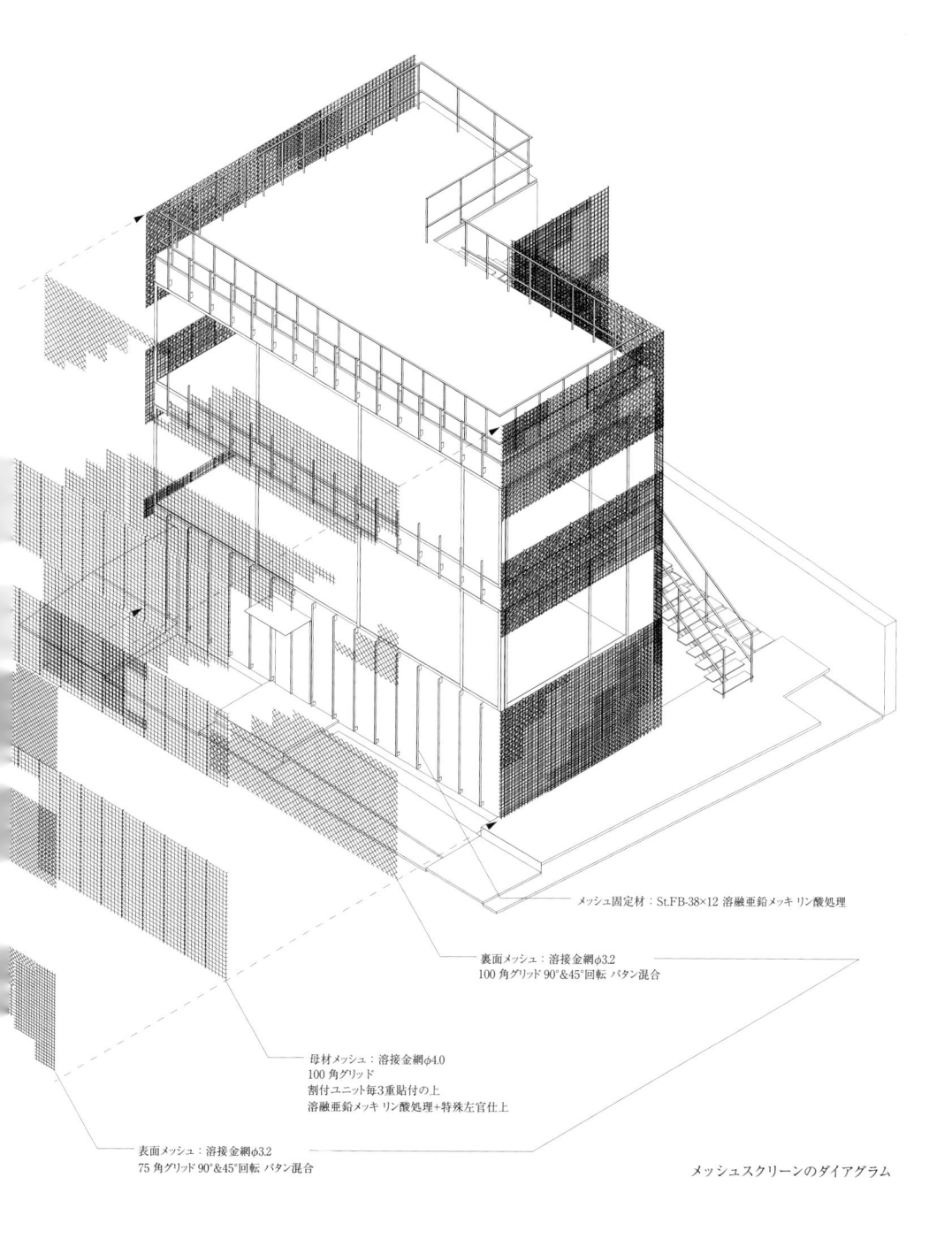

メッシュ固定材：St.FB-38×12 溶融亜鉛メッキリン酸処理

裏面メッシュ：溶接金網φ3.2
100角グリッド 90°&45°回転 パタン混合

母材メッシュ：溶接金網φ4.0
100角グリッド
割付ユニット毎3重貼付の上
溶融亜鉛メッキリン酸処理+特殊左官仕上

表面メッシュ：溶接金網φ3.2
75角グリッド 90°&45°回転 パタン混合

メッシュスクリーンのダイアグラム

第2章｜材料に対する興味

073

Mesh/Earth：茶室前の露地と水盤

水盤。左が茶室

2階居間/食堂

茶室

第2章 | 材料に対する興味

第3章　小さなパヴィリオンでの実験

───最近の隈事務所は、海外も含めて多くのプロジェクトが進行しています。そんな多忙な状態でも、**「方丈庵」**(2012年、p.078-)や**「Wisdom Tea House」**(2012年、p.084-)など、「実験系」の小さなプロジェクトを積極的に取り組まれている。北海道大樹町の**「Méme」**(2011年、p.082-)に至っては、その実験が住宅規模にまで拡大しています。

それらのプロジェクトを俯瞰して、初期の**「織部の茶室」**や**「t-room」**(共に2005年)と比べると、最近の実験には違いがありますか?

───

織部の茶室(2005年) 　　　　　　　　　　　　　　t-room(2005年)

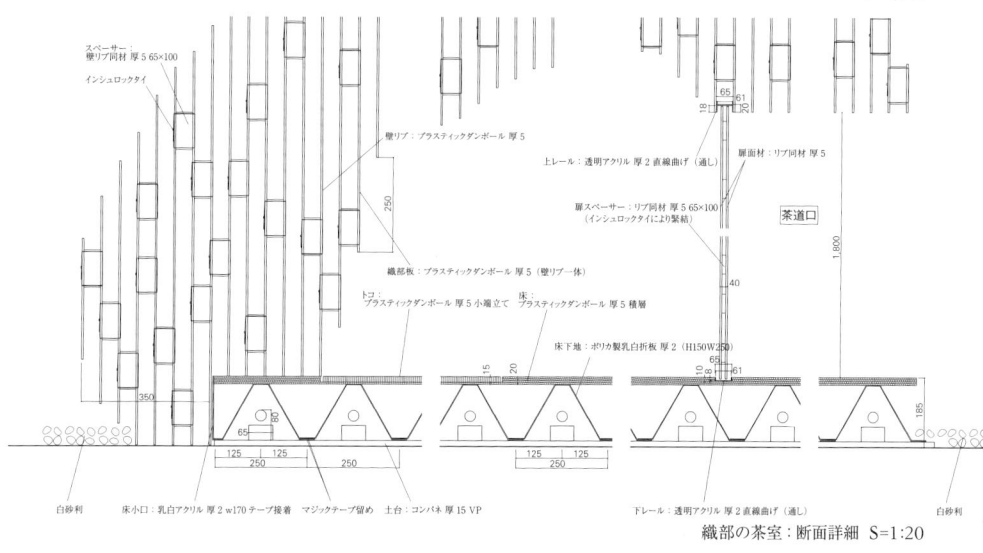

織部の茶室:断面詳細　S=1:20

第3章｜小さなパヴィリオンでの実験　　　　　　077

方丈庵 2012年

隈　　初期の実験を、文字や単語の開発だったと例えれば……。最近の実験は、「詩」の状態まで意識しているような気がします。

―

―――「詩」の意識で、何が変わってくるのですか？

―

隈　　「コンテクストがある」という前提です。以前の実験も、単語が置かれる状態を薄々感じながら、スタディしていたモノもあったけれど……。実際には「CIDORI」（2007年）のように、トリエンナーレなどの展示会場に設置されるパヴィリオンが大半でした。
　ところが最近は、「複数の単語が集まることで、そのまま〈詩〉になる状

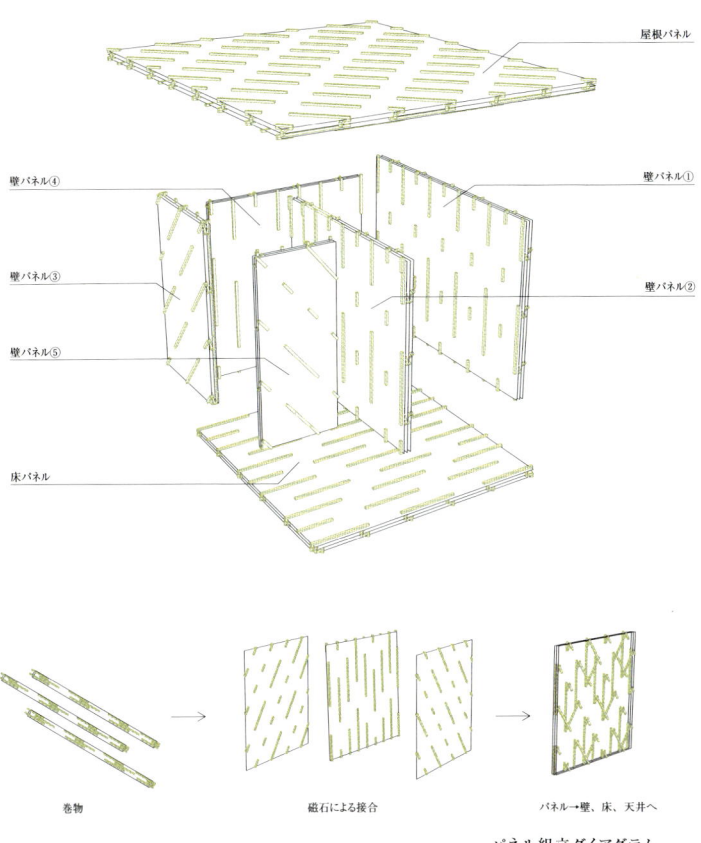

屋根パネル
壁パネル④
壁パネル①
壁パネル③
壁パネル②
壁パネル⑤
床パネル

巻物 → 磁石による接合 → パネル→壁、床、天井へ

パネル組立ダイアグラム

態」を、最初から頭の中で計算しながら、単語であり同時に詩である状態を開発している気がします。特に、**「方丈庵」**や**「Wisdom Tea House」**へ至ると、下鴨神社の境内や国連大学のキャンパス内という具体的な環境を意識しながら、それに合った単語/詩を設計していました。

　そうなってくると、「パヴィリオンをつくっている」という感覚は薄くなり、「極めて純粋な建築の設計をしている」状態に近くなってくる。そのスタディ過程で、「コンテクストを鑑みながら新たな単語/詩を開発することこそ、建築の本質だ」と直接感じられることにも、実験系独特の喜びがあります。

―

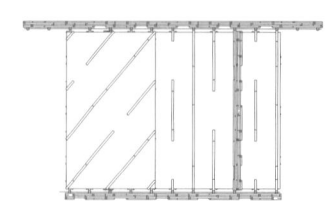

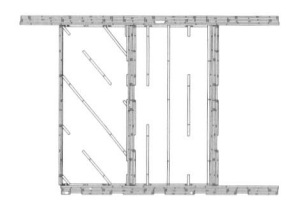

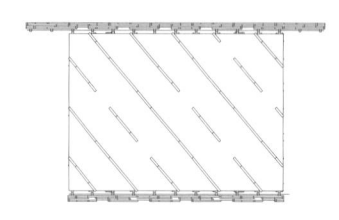

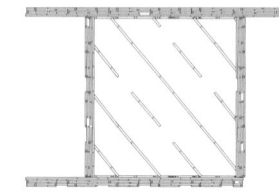

方丈庵：各立面　S=1:100

――― 実験系プロジェクトの多くは、機能が「茶室」です。「茶室」をどのように捉えていますか？

隈　「茶室」は、「詩」を発生させる装置として、とても便利な形式だと認識しています。食事をするわけではないけれど、「茶碗」という極めて象徴性の高い道具を通じて、人間の体内に水分を補給する。まさに、「生物が生きていくための最低限の行為」が、「茶室」の中で儀式化されるわけです。それは、ある意味で「詩の原点」と共通します。

――― 具体的には？

隈　人間が発するメッセージの原点は、「自分は、こうやって生きている」ということの表明です。そう考えると、「茶室」とは、それを極めて空間的に整理した状態で、ぼくたちに体感させてくれる。だからこそ、500年以上もの長きに渡って生き延びてこれたのでしょう。個人的には、俳句や和歌といった形式以上に、日本人がつくり出した独特の「詩形」だと思います。

　　　千利休が「茶室」のようなモノをつくり出して以降、「王朝的な歌の世界」を「茶室」が凌駕した。そんな極論も語れる位、生物としての人間の根っこに繋がった「詩形」ではないでしょうか。このような捉え方をすると、「茶道」という形式との関係はどうでも良くなってくる。ぼくがつくる「茶室」では、単に「死なないために、最低限の水分を補給すること」の大切さを感じさせる舞台にしたいのです。

――― 今までのインタヴューでは、住宅設計における楽器のようなものから始まり、それによって奏でられるリズムやコー

方丈庵：平面 S=1:100

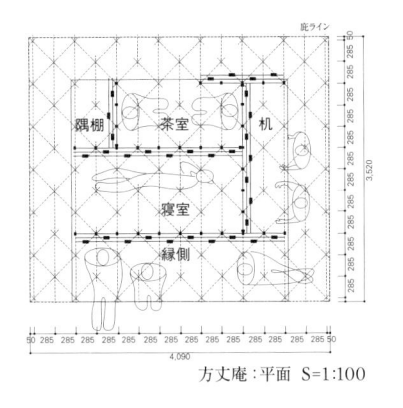

ドに対する意識にまで話が及んでいました。隈さんが仰るように「茶室」に「詩形」が読み取れるとすれば、日本の伝統的な住空間には「詩(=詞)」も含まれていたと解釈できますね。

——

隈　日本人は、近代化の過程において「詩的なもの」を「装飾や雑音」と誤解してしまったんじゃないかな。その結果、「詩の名残り」すら感じられない空間で、現代の各都市は埋め尽くされてしまいました。

　でも、建築が「人間の生命を保証する装置」としてある限り、「建築の良さ」や「空間の美しさ」の評価は、結局、「詩的な感性」に依る所が大きいと思う。そういう意味で、**「サヴォア邸」**(1931年)などル・コルビュジエの住宅は参考になる所が多いのです。

——

サヴォア邸(設計：ル・コルビュジエ／1931年)

第3章｜小さなパヴィリオンでの実験　　　081

実験住宅 Méme 2012年

居間/食堂

自然光を透過

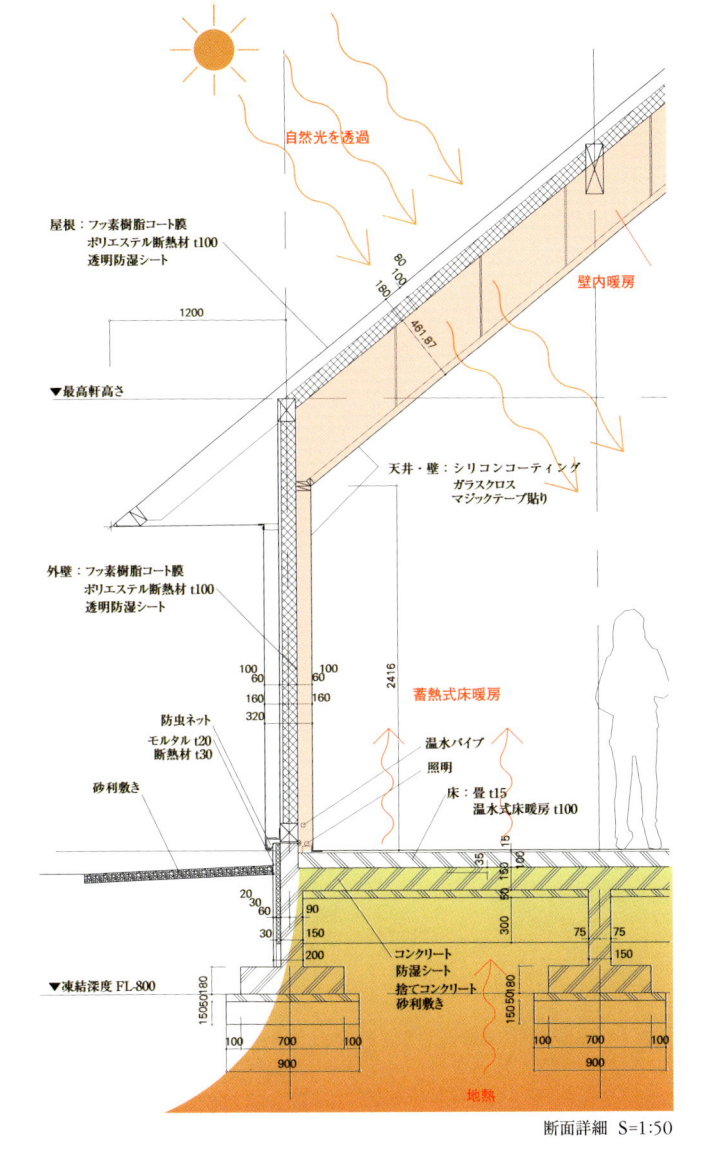

屋根：フッ素樹脂コート膜
　　　ポリエステル断熱材 t100
　　　透明防湿シート

▼最高軒高さ

壁内暖房

天井・壁：シリコンコーティング
　　　　　ガラスクロス
　　　　　マジックテープ貼り

外壁：フッ素樹脂コート膜
　　　ポリエステル断熱材 t100
　　　透明防湿シート

蓄熱式床暖房

温水パイプ
照明
床：畳 t15
　　温水式床暖房 t100

防虫ネット
モルタル t20
断熱材 t30

砂利敷き

コンクリート
防湿シート
捨てコンクリート
砂利敷き

▼凍結深度 FL-800

地熱

断面詳細　S=1:50

1	玄関
2	リビングダイニング
3	寝室
4	書斎
5	脱衣室
6	浴室
7	トイレ
8	収納・機械室

平面　S=1:250

断面　S=1:250

第3章｜小さなパヴィリオンでの実験

Wisdom Tea House 2012年

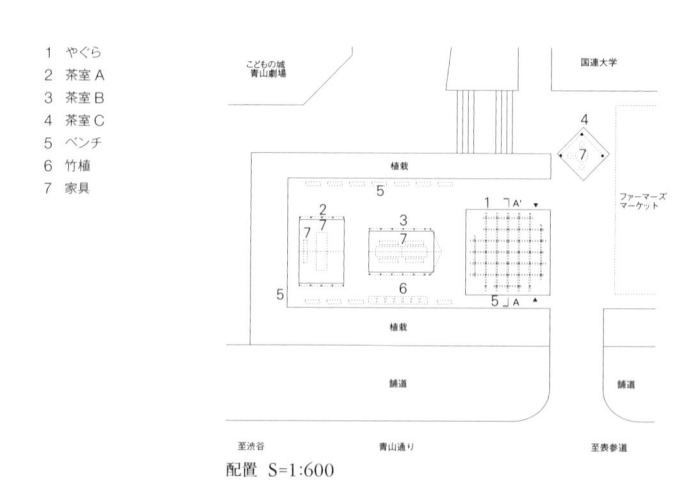

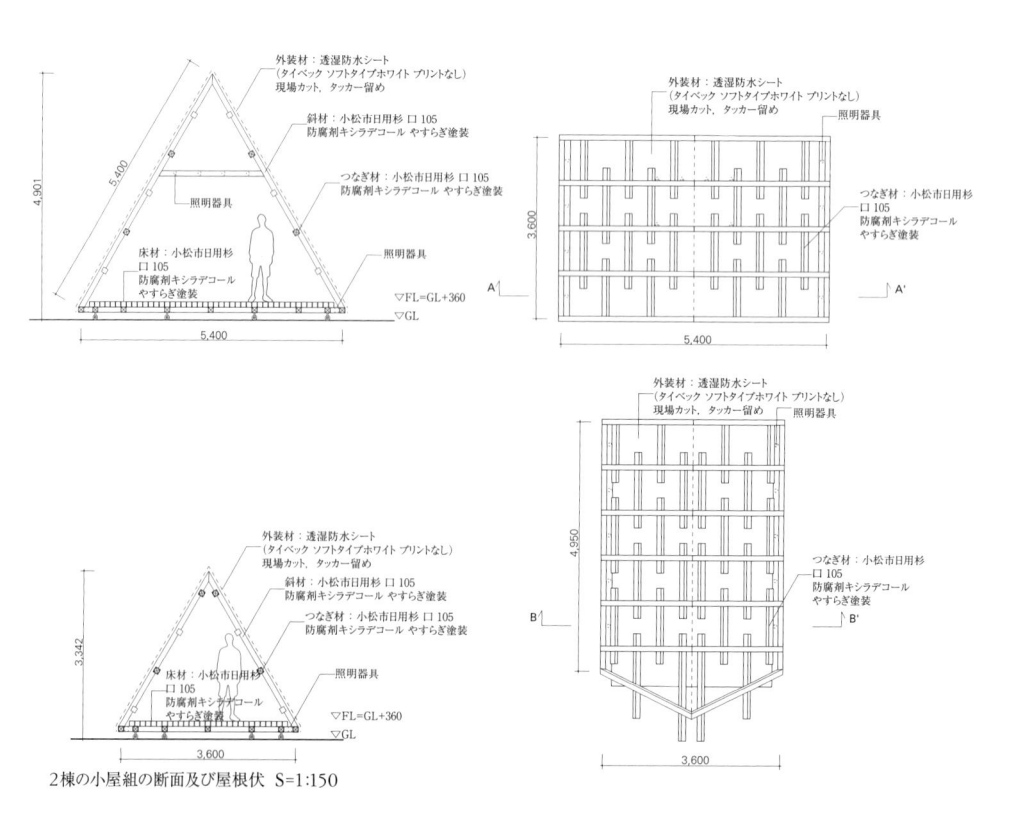

1 やぐら
2 茶室A
3 茶室B
4 茶室C
5 ベンチ
6 竹植
7 家具

配置 S=1:600

2棟の小屋組の断面及び屋根伏 S=1:150

084

やぐらと2棟の小屋組

2棟の小屋組

第3章 | 小さなパヴィリオンでの実験　　　　　　　　　085

Wisdom Tea House の設計プロセス

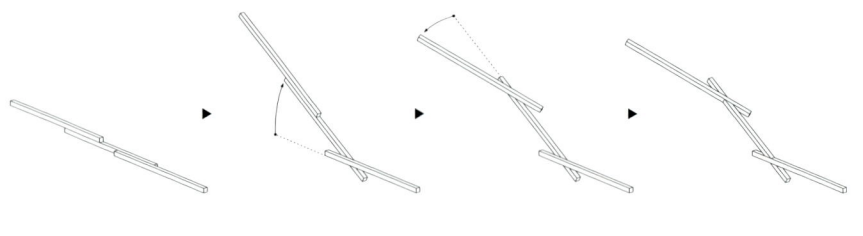

1 部材の接合面を交互に変えてつなげる
2 同一平面内で部材を回転させる（捩れを加えない）
3 同様に次の部材を同一平面内で回転させる
4 相欠組で接合させる

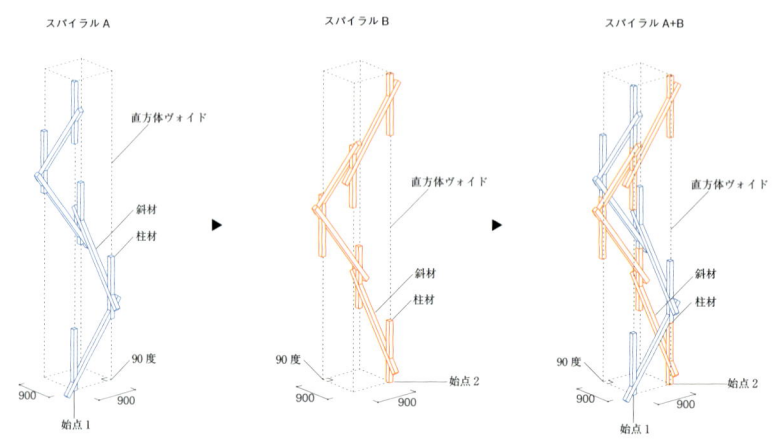

スパイラル A
スパイラル B
スパイラル A+B

直方体ヴォイド
斜材
柱材
90度
900
900
始点1
始点2

5.6.7　900mm×900mm×10mの直方体ヴォイドに巻き付くような、始点と柱材と斜材の交点の高さが異なる二種類のスパイラルを設定し、それらを重ね合わせひとつのスパイラル A+B にする

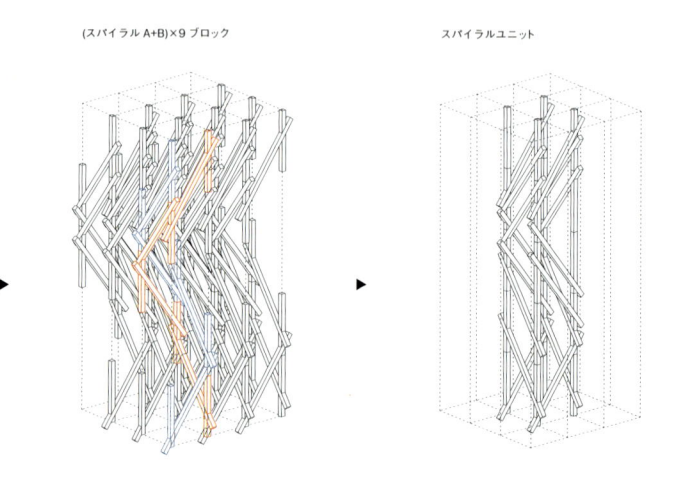

(スパイラル A+B)×9 ブロック
スパイラルユニット

8　スパイラル A+B を XY 方向に 9 ブロック分、コピー＆ペーストする
9　9 ブロックから周りの部材をはぎ取り 1 ブロックだけ残しユニット化する

グリッドシステム

基本ユニット

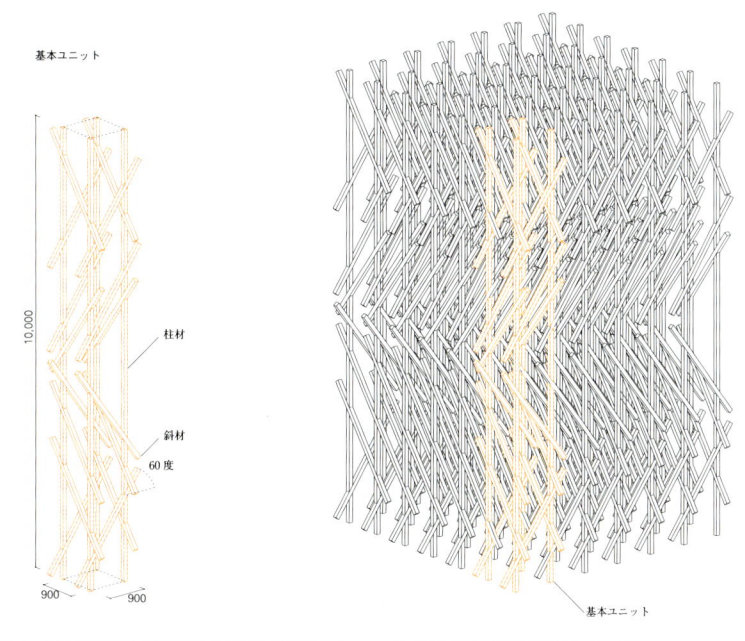

10,000

柱材

斜材

60度

900　900

10　斜材を減らし、交点の高さを600mmピッチに統一した基本ユニットをつくる

11　基本ユニットをXYZ方向にコピー&ペーストし、無限に複製可能な三次元のグリッドシステムにする

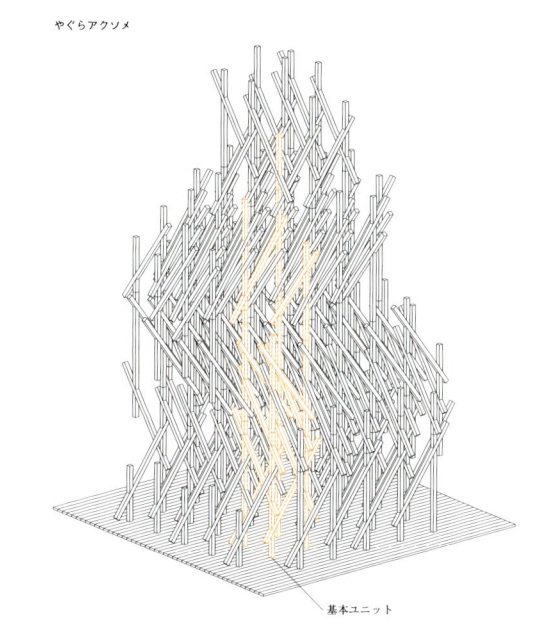

基本ユニット

やぐらアクソメ

基本ユニット

12　外側と内側をえぐりとることで、グリッドシステムの一部分が外形として現れる

第3章｜小さなパヴィリオンでの実験　　　　　　　　　087

─── 彼は、『直角の詩』(1955年)という詩画集も出版しています。

─

隈　最近、アルチュール・ランボオの生誕地で、彼の詩作世界を建築化するコンペティションに参加したので、フランスにおける近代詩の歴史を勉強したばかりなのです(笑)。その過程で、同時代を生きたクロード・ドビュッシーの音楽(=例えば、「月の光」〈1890年〉など)が、ポール・ヴェルネールの詩に強く影響を受けていることも知りました。

　当然、コルビュジエの住宅も、ステファヌ・マラルメやシャルル・ボードレールも含めた19世紀末の「詩の黄金期」からの流れと深い関係にある。それらに共通しているのは、「人間の生と死」に真摯に向き合い、言葉や音楽、空間を使って「新たな生き方」を紡ぎ出していることです。

　今のぼくには、「19世紀末のフランス」と「安土桃山時代の日本」の延長線上に、現代建築をつくりたいという思いがあります。

─

─── 何故、フランスや日本では、「詩」が廃れてしまったのでしょうか？

─

隈　少なくとも、産業革命による工業化の促進が、「詩」を必要としなくなった原因ではないと思います。何故なら、フランスにおける「詩の黄金期」は、「工業化する社会における、人間の生と死を繋ぐ新しいシステム」みたいなモノを言葉で結晶化しようとしていたから。

─

─── つまり、安定期には「詩」が必要ないわけですね。

─

隈　そうそう。過渡期にこそ、「詩」が求められる。利休が生きた時代も、日本社会の根本が大きく変化していたからね。ぼくたちが生きている現代も、ある意味で工業化社会から情報化社会への「時代の変わり目」だから……。そういう時には、新しい社会基盤に則した「人間の生と死を繋ぐシステムの結晶化(=詩)」を必要とされる。

　一端、失われてしまった「詩」は、小さな建築の中であれば組み込み易

い。その実験を、最近のぼくは繰り返しているわけです。

―

――― 21世紀の初め、「時代の変わり目」を詩にするとすれば、何が主題になりそうですか？

―

隈　例えば、**「方丈庵」**などでポータビリティを提案したベースは、「上から与えられたモノに頼らない」という哲学です。国家や自治体から与えられたインフラに対する不信感が、3.11の原発事故を契機に吹き出てきました。だからこそ、「上から与えられたモノに頼らない」で生きていく、生物の健気さを結晶化させたい。

19世紀末のフランスの詩人たちは、産業革命が進む中で「地縁や血縁に頼らないで生きる人間像」を結晶化させてきたとも理解できます。その流れに載ったコルビュジエも、独立した個人(＝モデュロールマン)をイメージしていたけれど……。結局、彼のつくり出した住宅も、公共インフラに頼りながら20世紀を生きざるを得ませんでした。

そのインフラが、もはや信用できない時代に至った現代では、「インフラから切り離された人間像を結晶化させたい」と思うようになってきました。

―

――― それは、人々の孤立化をより促進することに繋がりませんか？

―

隈　インフラに接続されたツリー状の社会(＝群れ)は、一見すると強固な集団性が感じられるけれど……。東日本大震災直後の日本のように、供給源(＝発電所や浄水場)の根元を切断されると、途端に「群れ」としての存在意義が曖昧になってしまいます。

一方、自然界における「鳥の群れ」などは、インフラに寄生することで成立しているわけではありません。結局、個体同士の小さな関係性の総体が視覚化されることで、「群れ」に見えている。そんな「根元で切りようのない群れ」のあり方を、建築化したいのです。

―

第3章｜小さなパヴィリオンでの実験　　089

───── それが実現されると、都市だけでなく郊外住宅地の風景も一変しそうです。

―

隈　結局、「公共建築と個人の建築は対立するものではない」という境地を、目指すことになると思います。

　コルビュジエ的な「詩」は、基本的に「公共」と「個」を二極化する。現代の「個」は、それらが集まると「群れ」という形で「公共」的なモノに変容することができる。その変容の遂げ方によって、「いつの間にか、知らない間に群れになっている」という状態が理想です。言い換えれば、「断絶なく、全体の中に溶けていく状態」の建築。

―

───── 実際、**「Wisdom Tea House」**の実験では、「やぐら」と2棟の「小屋組」、三つのパヴィリオンの「群れ」を提案しています。

―

隈　スタディ中には、約6棟並んだ状態までイメージしていました。当然、それらの並べ方次第で、「群れ」の雰囲気も変わってきます。

　公共建築で言えば、最近のコンペで勝った**「富岡市新庁舎」**(2012年〜)が挙げられる。施設全体を4棟に分けていますが、各棟の境目だけでな

富岡市新庁舎(2012年〜)

く、低層の住宅が並ぶ既存の町並みとの境界も曖昧な提案です。

――― もはや、住宅と庁舎の違いも薄れていて、町全体が「群れ」化している提案ですね。

隈 確かに**「富岡」**では、周辺環境との断絶なく小さな建築と大きな建築が繋がっていく、大規模な実験をやっているとも言える(笑)。今までのような、「住宅」や「庁舎」という区分けとは、ちょっと違った状態が出現することを期待しています。

――― つまり、すべてが「茶室」化すると?

隈 そうですね。結局、大地と自分の身体を繋ぐ回路をつくるために、建築があるわけだから……。そういう意味で、すべての建築は「茶室的な原始性(＝体内に水分を取り込むことで地面と接続する空間)」を、必ず内包している筈です。それを上手く掘り出しさえすれば、ぼくたちは生物としての人間のための「詩的建築」に到達できると思う。

――― その「詩的建築」の実験において、木という素材が多用されています。そこには、何らかの意図があるのですか?

隈 生物の大きさを問わず、彼らが巣をつくる際に最も多く用いられる素材が、「小枝」だと思います。自ら拾い集め、積み上げることで、容易に巣のような塊をつくることができる。つまり、ぼくの中では、木というよりも「小枝」という意識の方が強いのです。「小枝」的なモノで人間のための巣がつくれたら、ぼくが思い描いている「現代詩」に近づける気がします。

例えば、近現代建築を象徴する素材であるコンクリート。この素材をつくること自体、大きなインフラ・システムになっているし、それに寄生して20世紀の建築はつくられ続けてきました。コルビュジエは、そのインフラ・システム自体を、何とか「詩」にしようとしたわけです。

今、インフラ・システムに依存しない建築をつくろうとするならば、市場に落ちている「小枝(＝規格材)」が最も頼りになる。

───「**CIDORI**」や「**方丈庵**」は、その典型的な実験ですね。

隈　「**CIDORI**」で使った材料の断面は、30mm×30mmと小枝的

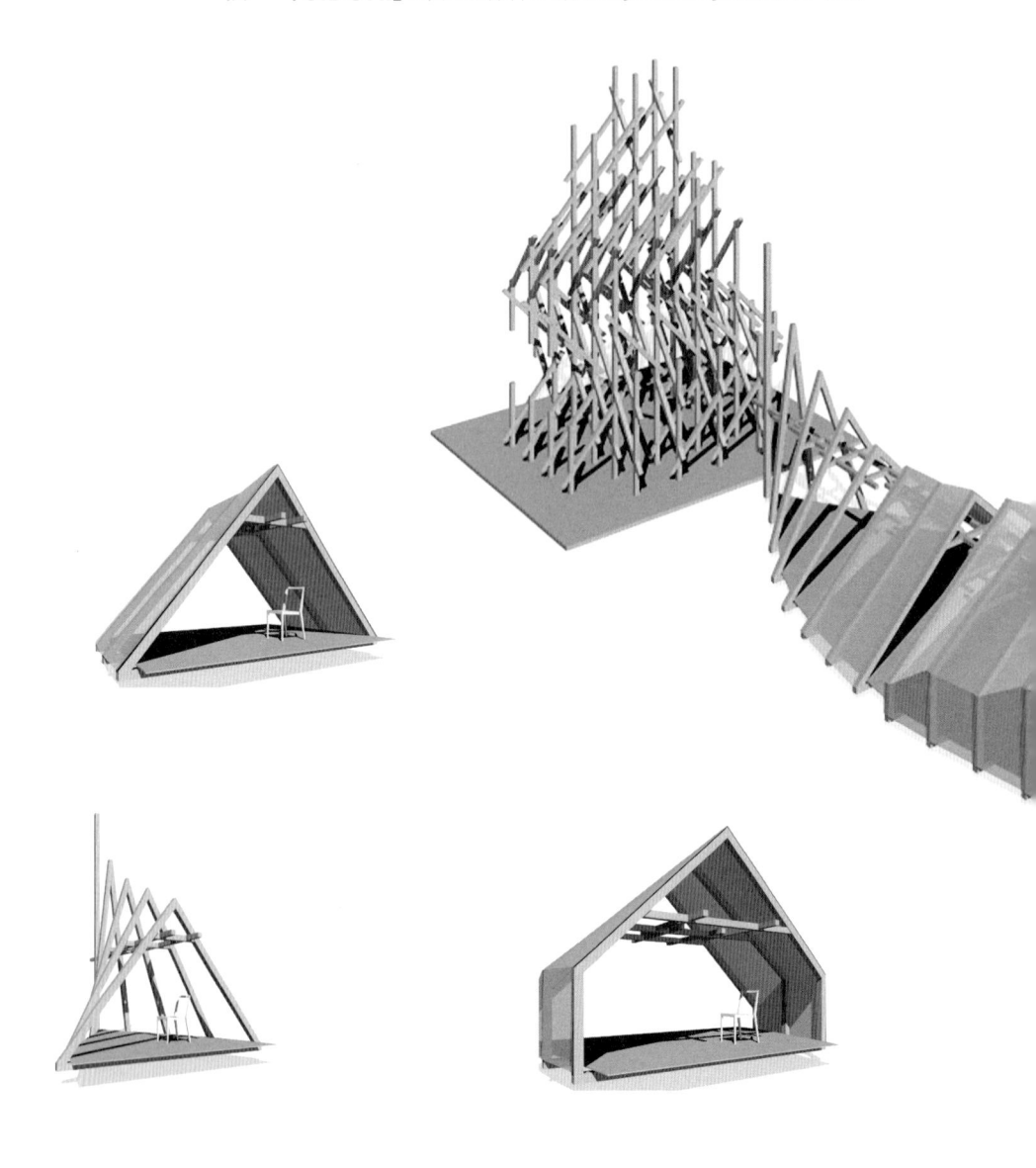

だったけれど、とても複雑な加工(=仕口や相欠など)を伴ったのです。その瞬間、「拾ってきて使う」というざっくばらんな感じが薄れることに不満がありました。

そこで、**「方丈庵」**では、20mm×30mmというさらに小さな断面に絞った杉材を使用しています。しかも、各部材をネオジム磁石で結合することで、あるリジッドな巣をつくり出していることが気に入りました。何

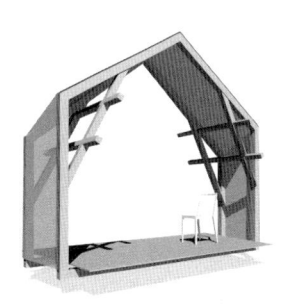

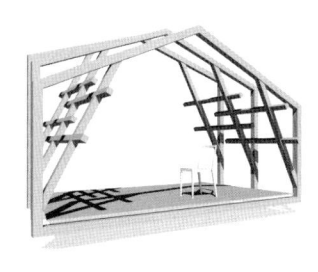

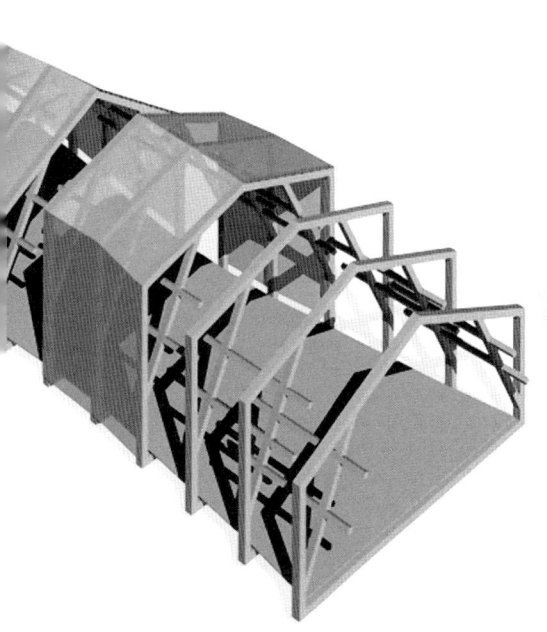

Wisdom Tea House：小屋組が6棟並んだスタディ案

の変哲もない「小枝」が、磁石という「群れ」を構成する単純な論理(＋と−で吸着)によって、その総体を「知性」があるように見せている。

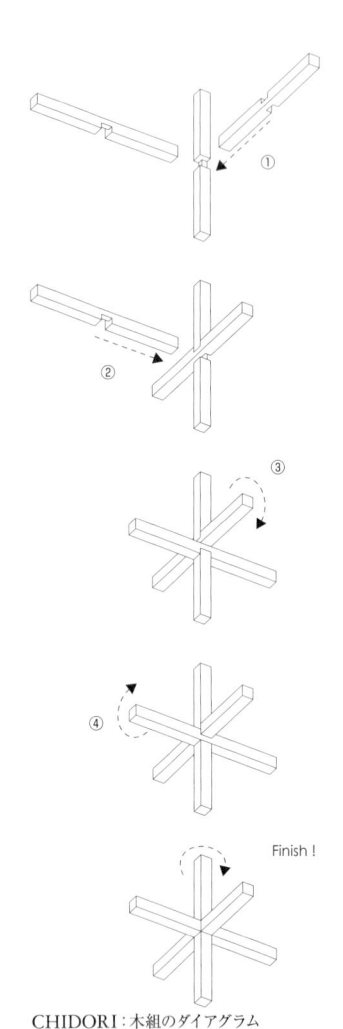

―

―――しかも、**「方丈庵」**を構成するテンセグリティ・パネルは、3枚のシートに分解し、丸めて持ち運ぶことも可能です。

―

隈　その結果、家具や照明器具など空間の中にあるモノではなく、空間自身が断片化され携行可能になっています。

　こんなことを考えた背景には、そもそも「現代人の暮らしの中で、家具などの調度品はもういらないんじゃない」という根本的な疑問があります。鴨長明のように空間さえ携行できれば、現代社会でも動物のように人間は暮らしていける筈なんです。近代化以前の日本人は、家具などの調度品に頼らず、建具を用いて空間を自由に切り分け、暮らしてきた歴史があるわけですから。

―

―――時代劇の火事のシーンでも、襖を大八車に載せて人々が逃げ惑うくらい、当時の暮らしにおいて「空間的設え」が重要だったことがわかります。

―

CHIDORI：木組のダイアグラム

CHIDORI(2007年)

隈　そうだよね。特に、持地持家に現実味がない現代の東京では、**「方丈庵」**のようなシステムに興味を抱く人が必ず出てくると思うよ。

—

―――今までのお話を伺っていると、**「方丈庵」**での「詩形」は、より日本的なものになっているわけですね。

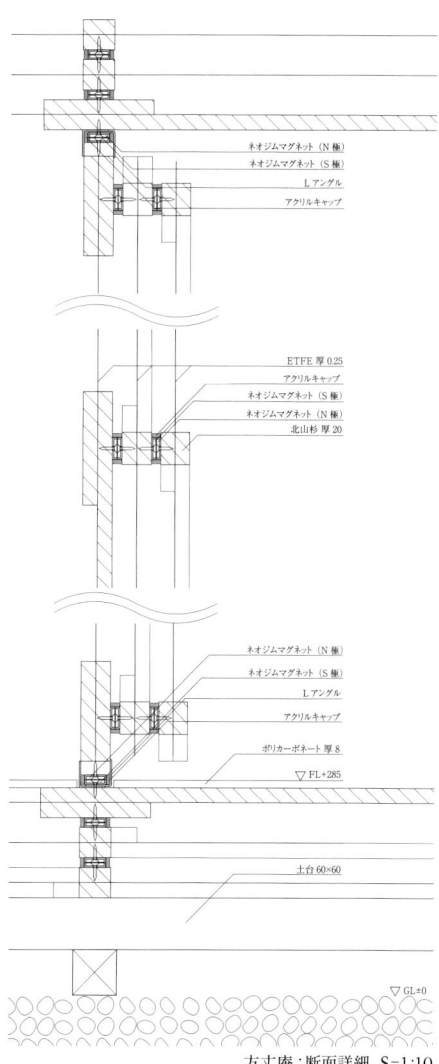

—

方丈庵：断面詳細　S=1:10

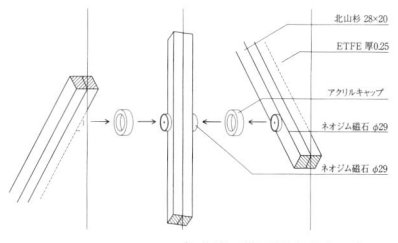

方丈庵：磁石接合ダイアグラム

方丈庵の組立ダイアグラム

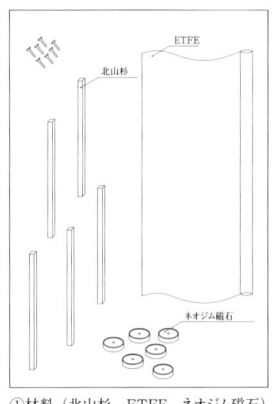

①材料（北山杉，ETFE，ネオジム磁石） 　②材料を接合してサーフェスをつくる 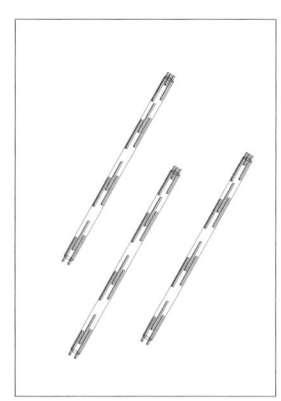　③サーフェスを巻く（巻物）

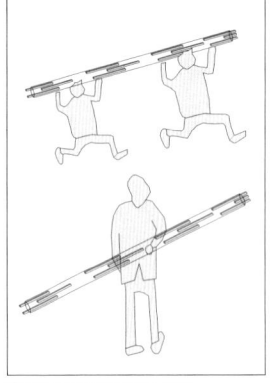

④巻物を建てたい場所へ運ぶ 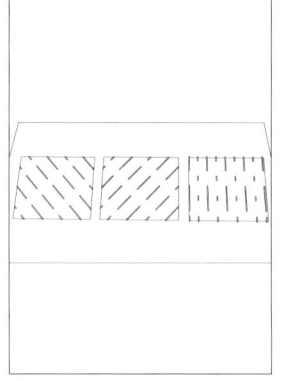　⑤巻物を拡げる 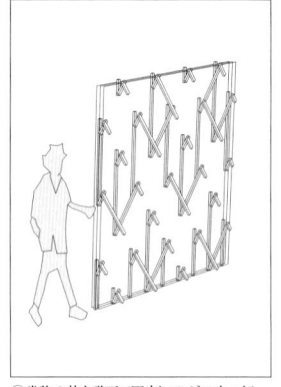　⑥巻物3枚を磁石で固定してパネルをつくる

⑦土台の上にパネルを置いて床をつくる 　⑧床の上にパネルを立てて壁をつくる 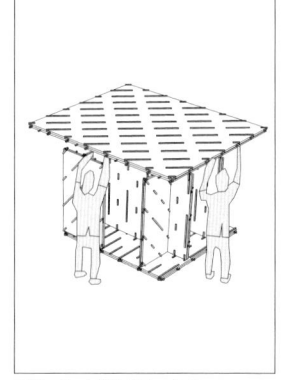　⑨壁の上に屋根を載せて完成！

隈　日本の現代詩のように、カタカナも多用され始めている感じかな。

　ぼくたちの先祖は、中国から輸入された「漢詩」に平仮名を加えることで、短歌や俳句などの日本的な「詩形」をつくり上げたわけです。だけど、現代の日本人は、平仮名でさえも漢字との癒着感が拭えないので……。現代詩の世界では、カタカナを使った作品が多くなっています。カタカナは、ぼくたちが実験系の建築でやろうとしている「空間を粒状化し、ポータビリティを獲得する」という感覚に近い。

―

―――カタカナ主体で、漢字、平仮名交じりの「詩」を書くのは、難しそうです。

―

隈　最近の実施例で言えば、**「Bubble Wrap」**や**「Polygonium House」**(共に2011年)のように、より実験性の高いパヴィリオンはカタカナだけで構成できるけれど……。**「Lake House」**(2011年、p.098-)や

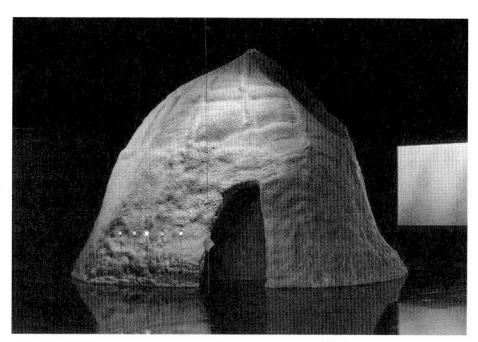

Bubble Wrap (2011年)

Polygonium House (2011年)

Lake House 2011年

「**Mesh/Earth**」(2011年、p.070-)のように、実際に人間が暮らす住宅となると、漢字や平仮名も交えた「詩」を書かざるを得ません。

—— それは、住宅以外のビルディング・タイプでも同じ感覚ですか？

隈　いや、明らかに違うと思う。むしろ大事にしなければならないの

南東角部のディテール

　は、「住まいとは〈詩〉だからこそ、他の建築とは違う生物的な愛着が芽生える」ということ。

　例えば、安藤忠雄さんの住宅のつくり方は、周りの雑音的世界を排除することを前提にしているけれど……。ぼくは、「雑音の排除」でつくった「詩」は、「詩」として弱いのではないかと考えています。何故なら、「詩」というものは、人間に内在する多様なリズムと共振することで、初めて人々の気持ちを動かすものだから。無雑音のままで放置されると、生物的なリズムや音韻が、かえって抑えられてしまう。

　少なくとも、住宅の中の様々な雑音との共振システムが秘められてい

第3章｜小さなパヴィリオンでの実験

1　ライブラリー
2　仕事部屋
3　ラウンジ
4　テラス
5　エレベーター

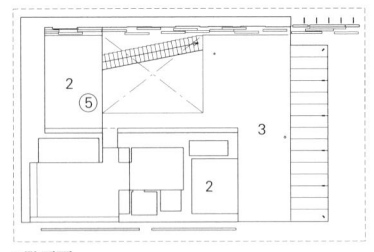

3階平面

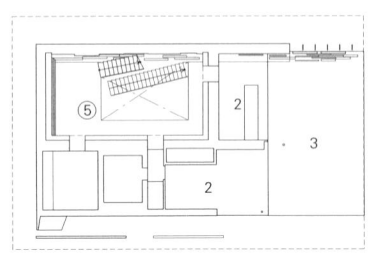

2階平面

Lake House：1階平面　S=1:450

ないと、人々に長く口ずさまれる「詩」にはならない。

―

―――現代詩の中には、名詞だけを羅列したラップ調の作品も出てきています。隈さんの目指されている「詩」は、そこまで弾けたものを求めていないようですが。

―

隈　「詩」に対する定義を乱雑にすると、体言止めやラップ調などの特殊テクニックばかりが目立ってしまう。ぼくが考える「詩」とは、あくまでも「人間の本質的な欲求を、できるだけ短い言葉で言い当てる表現」

南東側立面 S=1:450

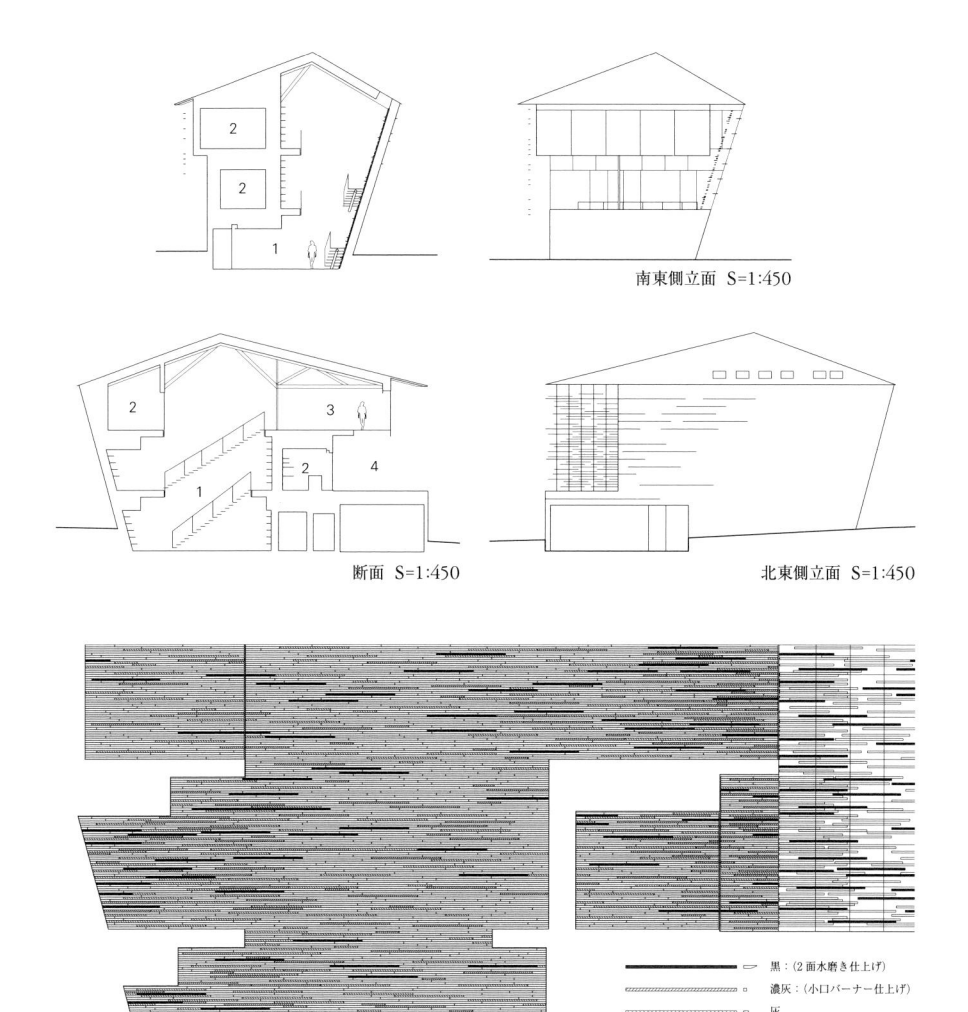

断面 S=1:450

北東側立面 S=1:450

黒：(2面水磨き仕上げ)
濃灰：(小口バーナー仕上げ)
灰
薄灰

石積のパターン S=1:200

のこと。その「短い言葉」を反復することで、空間体験者の身体が初期設定に戻るような感じが理想です。

―

―――「人間に内在するリズムとの共振」を自分なりにイメージしようとすると、最近読んだ、小川洋子さんの『ことり』(2012年、朝日新聞出版社)という小説が思い浮かびました。人間の言葉を喋れないけれど小鳥のさえずりを理解する兄と、

第3章｜小さなパヴィリオンでの実験　　101

Lake House：3階、仕事部屋よりラウンジを見る。

ラウンジ。南東を見る

1階ライブラリー。吹抜けを巡る階段

第3章｜小さなパヴィリオンでの実験

Lake House：石積詳細　S=1:5

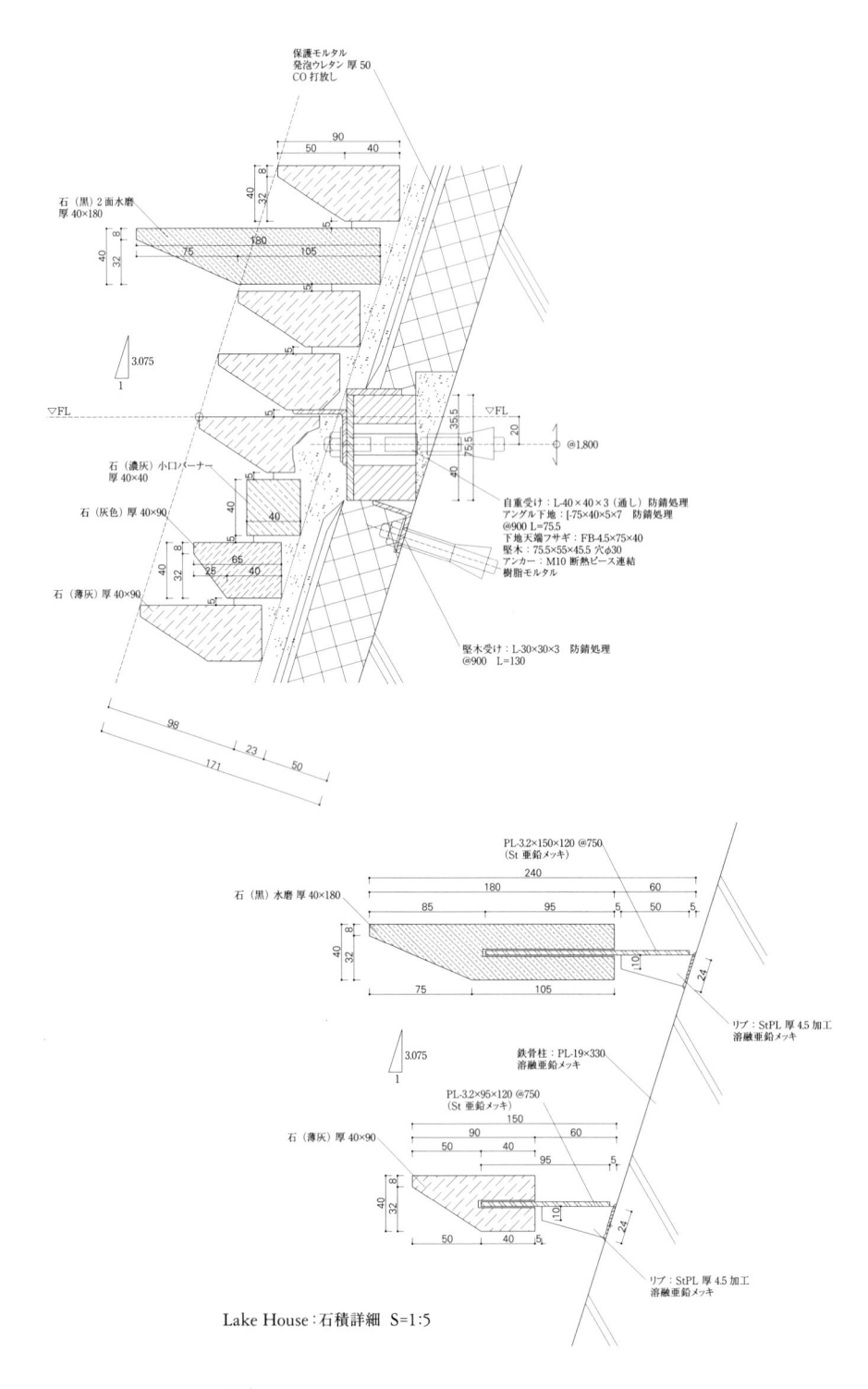

彼と唯一会話できる弟の話です。人間でも「生物に内在するリズムの発露」としての鳥のさえずりに共振できれば、彼らの意志(＝詩)を理解できる可能性を示唆している作品です。

—

隈　恐らく、「ピーチク・パーチク」というさえずりを繰り返すことが、鳥たちの意志疎通にとっても重要なんだと思う。人間の「詩」においても、「一つの言葉」を発露したとしても、それを「言い放し」にしてしまうと、誰も共鳴してくれない。「もう一度、つぶやきたい」という気持ちにさせることで、広く長く共感されるものになるわけです。

　住宅の場合も、「あの空間にもう一度入りたい」と思わせるだけでなく、何度体験しても「自分の身体が初期化された」と感じさせることこそが重要です。もし、そんな空間を仕込めたならば、その住宅が「詩」的なものに昇華している証になる。

—

　　　──だからこそ、小さなパヴィリオンによる「詩的空間」の実証実験を続ける必要があるわけですね。

—

隈　特に東日本大震災以降、今までお話したような「詩的空間」が仕込まれた住宅を、人々が真剣に求め始めていると強く思うようになりました。

第4章 軽井沢の別荘

Stone Roof 2010年

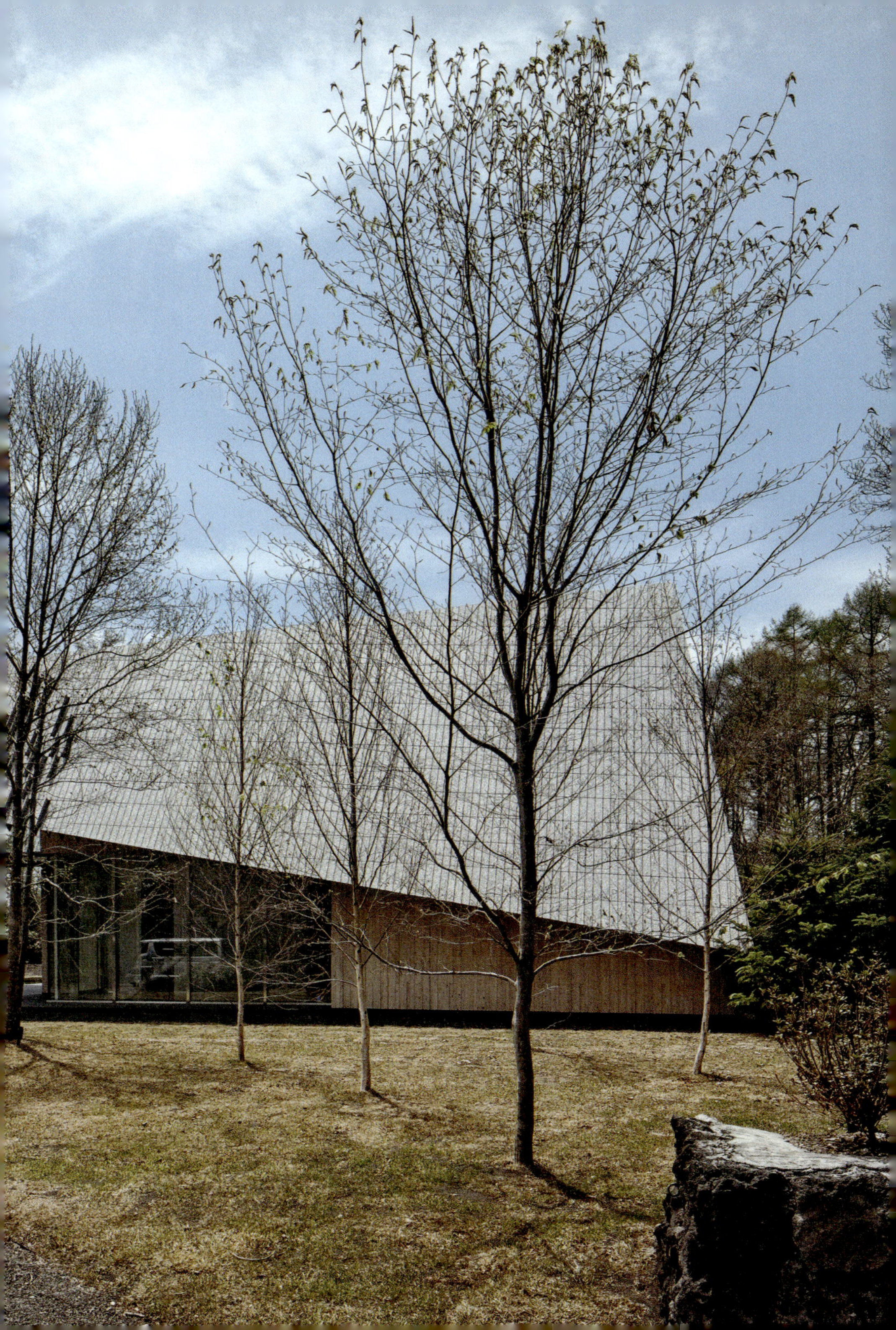

隈　ぼくたちが軽井沢でつくった二つのプロジェクト、**「森/床」**(2003年、p.116-)や**「Y Hütte」**(2006年、p.120-)は、本当に小さな別荘でした。それらに比べて**「Stone Roof」**(2010年)は、割と敷地に余裕があったし、建物自体も大きかったので……。「軽井沢で初めて、孔が開けられそうなプロジェクトだ」と思えたのです。

　もちろん、配置のバリエーションに関しても他の二つの住宅では、考えること自体無理でした。敷地条件とクライアントの生活像を鑑みると、一義的に決まってしまう。

　今、振り返ってみると、軽井沢に限らず、平面的、配置的に余裕がある住宅は、ほとんど設計したことがありません。現代の建築法規が、構造的に配置の自由を許していないのかもしれない。都内に建つ比較的大きな住宅**「Wood/Berg」**(2008年、p.172-)でさえ、敷地一杯に建てる解しかなかった。

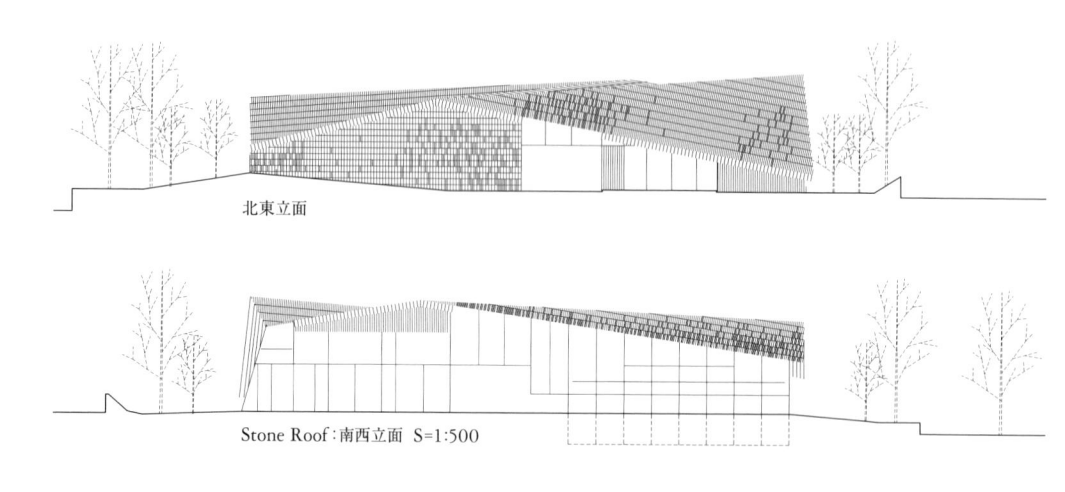

北東立面

Stone Roof：南西立面　S=1:500

　「Stone Roof」は、初めてと言っていいくらい配置的余裕があったので、ぼくの中でも珍しく迷いがありました。しかも、敷地にちょっと軽井沢らしくない雰囲気もあるでしょ(笑)。

———「軽井沢らしくない」とは？

隈 　まず、樹木がない。

　　　　　———現地は、周囲に建つ別荘も住宅メーカーの建売住宅に近い様子でした。軽井沢に独特な高床でもないので、「ちょっと高級な郊外住宅地」というムードすらあります。

隈 　建坪率、容積率が20％。しかも、南東や北東の隣地は、敷地境界線に寄せた配置で建てられているので、良好なヴューは望めない。

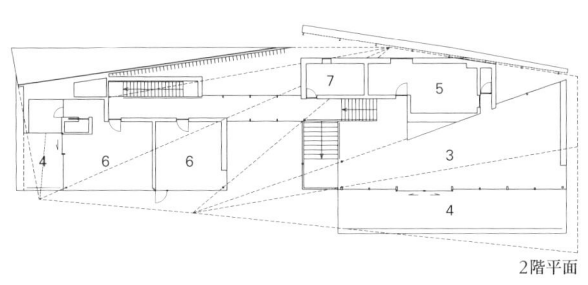

1　ホール
2　中庭
3　居間/食堂
4　テラス
5　台所
6　寝室
7　倉庫
8　ジム
9　プール
10　水風呂
11　浴室
12　サウナ
13　水盤
14　通路

2階平面

1階平面　S=1:500

第4章｜軽井沢の別荘

Stone Roof：夕景。1階プールと2階居間

木製ジョイストと石ルーバー（オイスター・ストーン）で構成された
ストーン・ルーフの軒裏

▼最高高さ GL+7,900

天井：直天井
母屋 300×25@250
野地板：高圧木毛セメント板 厚15
壁：PB12.5+12.5 AEP
グラスウール充填

テラス　主寝室

石ルーバー

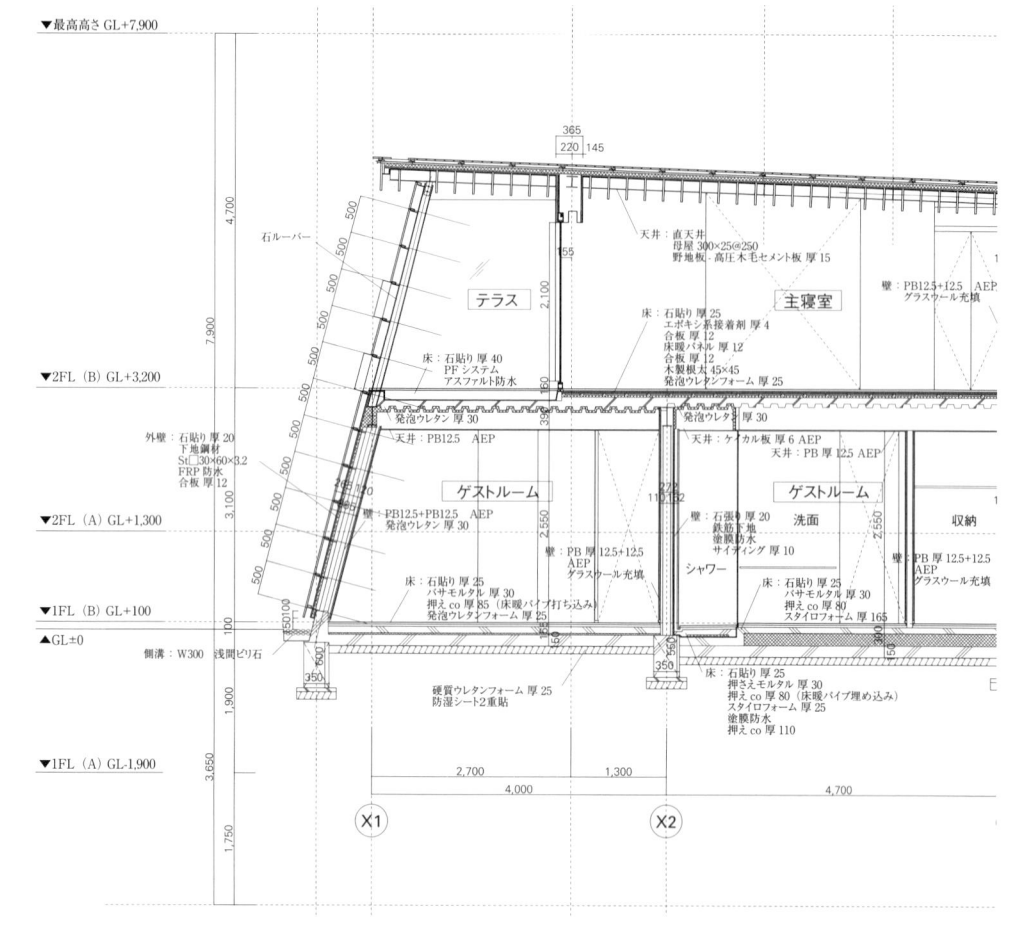

床：石貼り 厚25
エポキシ系接着剤 厚4
合板 厚12
床暖パネル 厚12
合板 厚12
木製根太 45×45
発泡ウレタンフォーム 厚25

▼2FL（B）GL+3,200

床：石貼り 厚40
PFシステム
アスファルト防水

発泡ウレタン 厚30　発泡ウレタン 厚30

外壁：石貼り 厚20
下地鋼材
St□30×60×3.2
FRP 防水
合板 厚12

天井：PB12.5 AEP　天井：ケイカル板 厚6 AEP　天井：PB 厚12.5 AEP

ゲストルーム　ゲストルーム

壁：PB12.5+PB12.5 AEP
発泡ウレタン 厚30

床：石貼り 厚25
鉄筋下地
塗膜防水
サイディング 厚10

▼2FL（A）GL+1,300

壁：PB 12.5+12.5
グラスウール充填

洗面　収納

シャワー

床：石貼り 厚25
バサモルタル 厚30
押えco 厚85（床暖パイプ打ち込み）
発泡ウレタンフォーム 厚30

床：石貼り 厚25
押えco 厚80
スタイロフォーム 厚165

壁：PB 厚12.5+12.5
グラスウール充填

▼1FL（B）GL+100
▲GL±0

側溝：W300 浅間ピリ石

硬質ウレタンフォーム 厚25
防湿シート2重貼

床：石貼り 厚30
押さえモルタル 厚30
押えco 厚80（床暖パイプ埋め込み）
スタイロフォーム 厚25
塗膜防水
押えco 厚110

▼1FL（A）GL-1,900

2,700 | 1,300 | 4,700
4,000

X1　X2

Stone Roof：居間

112

断面詳細 S=1:100

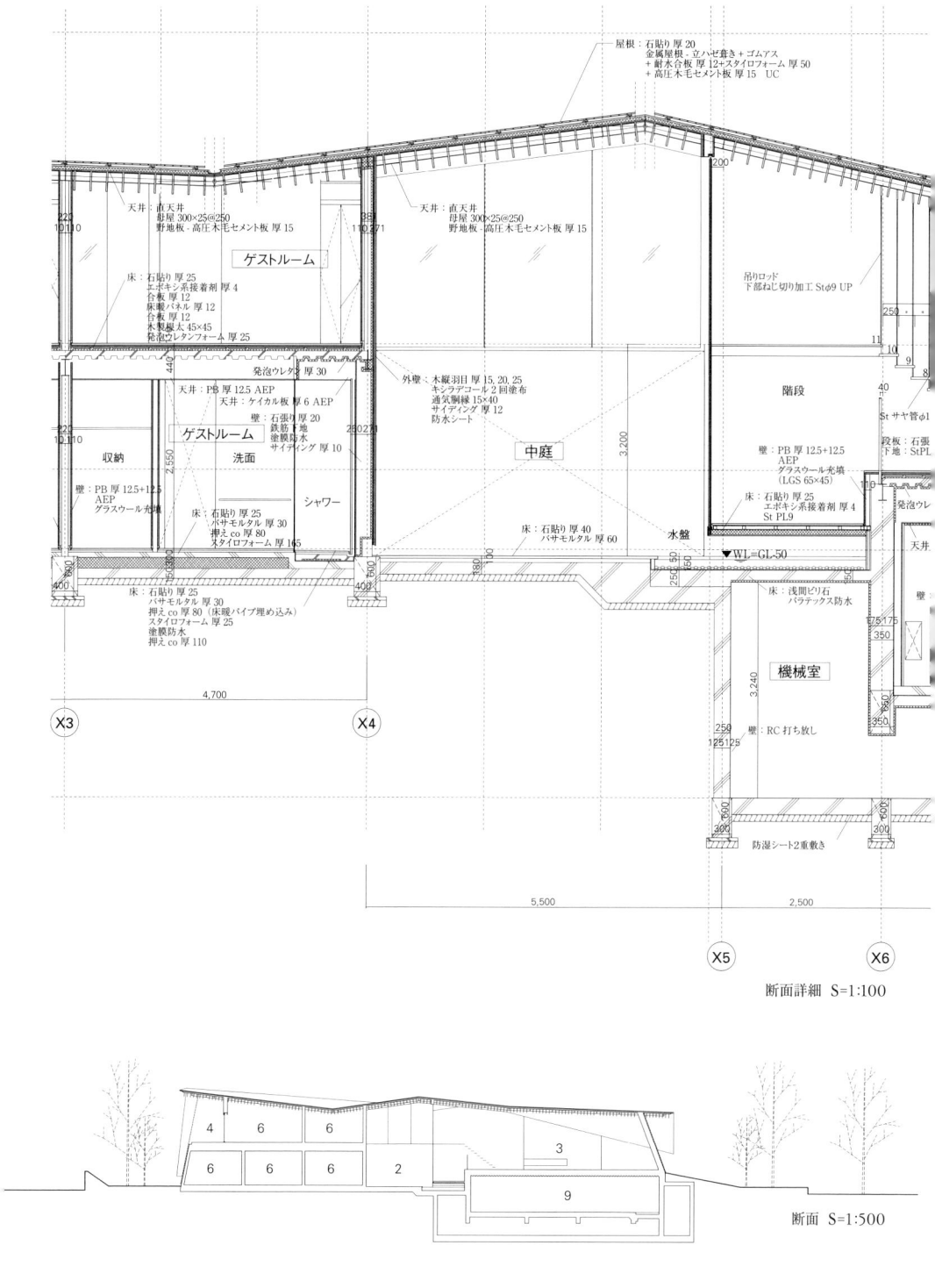

断面 S=1:500

第4章｜軽井沢の別荘

113

Stone Roof：2階廊下

2階浴室よりテラスを見る

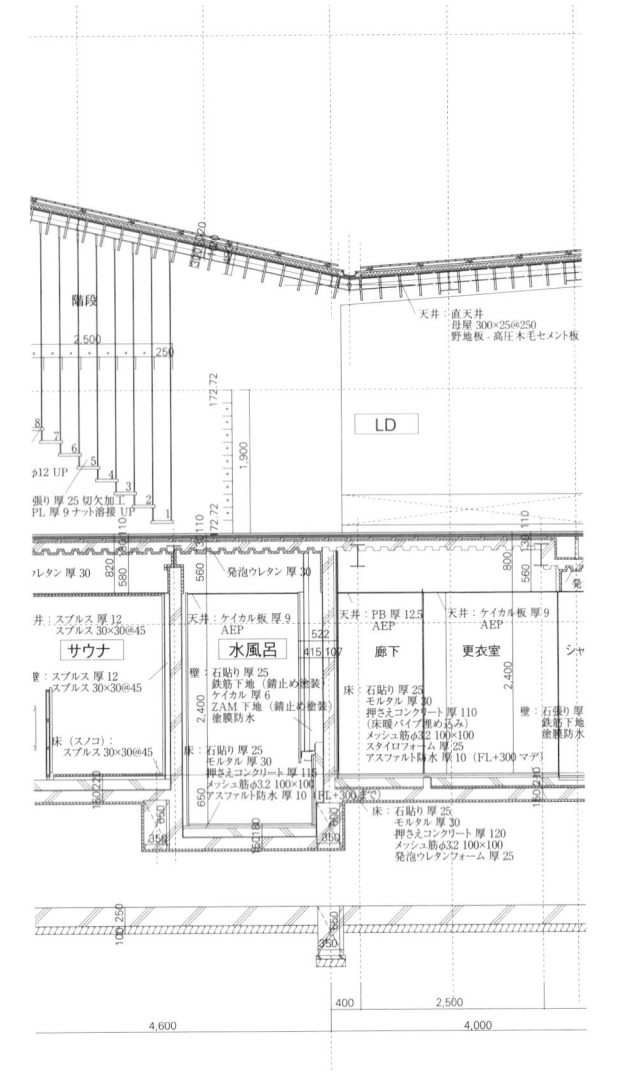

断面詳細 S=1:100

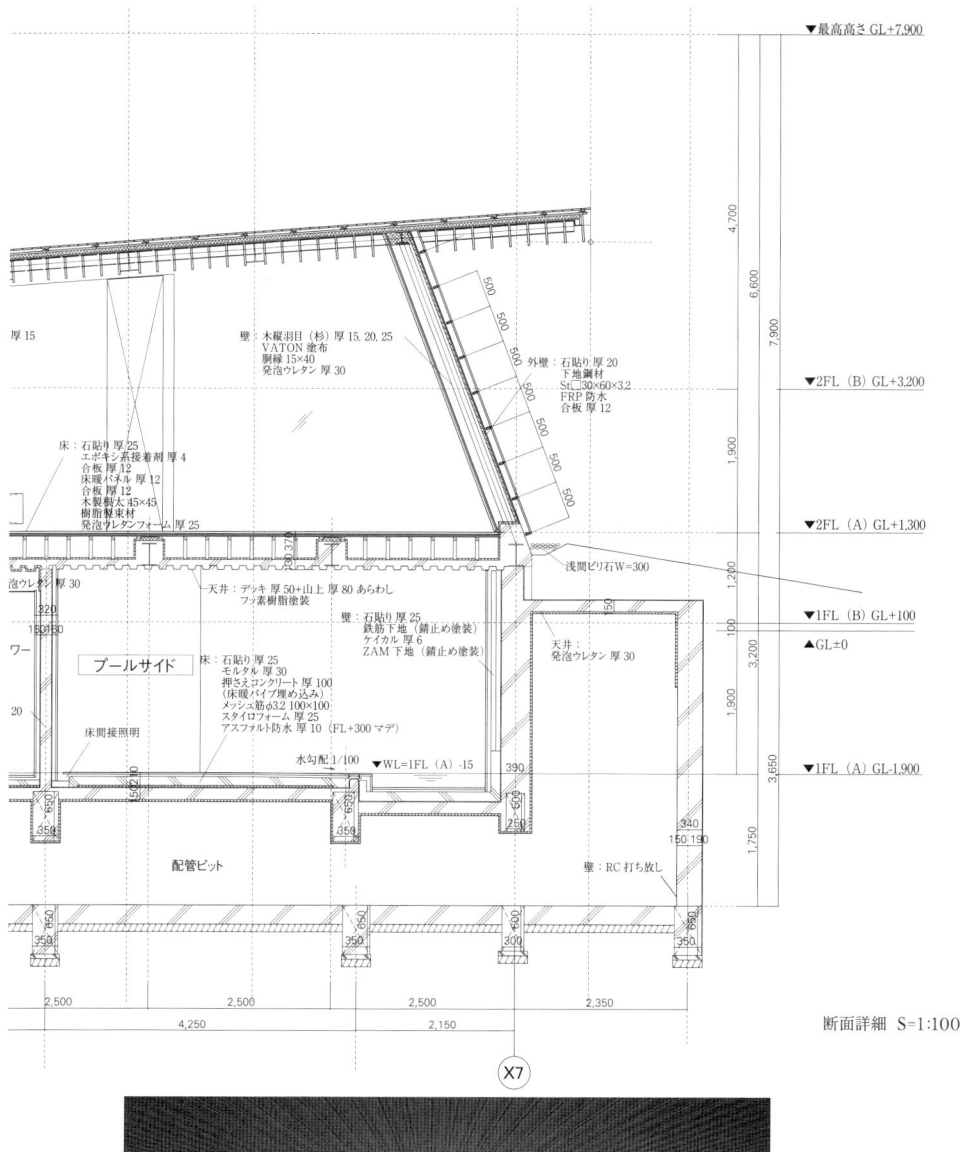

1階プール

第4章｜軽井沢の別荘　　　115

森/床 2003年

　一方、南西側の隣地は、計画が頓挫したマンション予定地が大きく残っていました。その南西面に建物を向けた上で、孔を開ける。さらに、ぼくたちが常に思考している「できるだけ細長いヴォリュームをつくる」や「アプローチにおいて、何度も方向転換がある」状態の実現に向けて、現状の配置へ落ち着いていったのです。

―

　　　　――「**Stone Roof**」というタイトルから鑑みても、「比較的大きなヴォリュームを如何に覆うか?」の検討は重要だったと思います。

―

隈　軽井沢のような自然豊かな開かれた場所では、「四角いソリッドなハコではなく、屋根で周囲の環境に対峙しよう」と常に考えてきました。
　でも、屋根自体は、各住宅でまったく違っています。例えば、「**Y Hütte**」は、屋根でありながら壁でもある状態を意識していました。そうすることで、垂直に立ち上がる壁を完全に否定しています。「**森/床**」だと、

夕景。東より見る

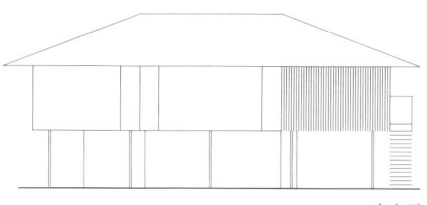

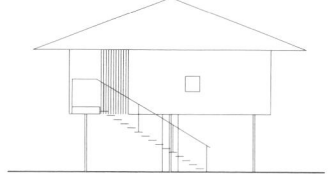

東立面　　　　　　　　　　　　北立面　S=1:300

屋根と壁を完全に別のエレメントとして扱っている。

　同じように「**Stone Roof**」を自己分析してみると、「屋根でありながら塀でもある」という感覚がありました。近隣の「軽井沢らしくない要素」からこの建物を守りたい。そんな防御的意識が強かったので、「**Y Hütte**」のような「柔らかい木の屋根」ではなく、より硬い「石の屋根」にしたいと考え始めたのです。

　隣棟が迫っている、南東や北東面では塀的な性格が強い。南西側の開けた方向に対しては屋根になる。方位によって、同じエレメントでありながら、二つの表情を醸し出しています。

　ある意味で、「**森/床**」や「**Y Hütte**」は、完全な「Autonomy(=自立

第4章｜軽井沢の別荘

性)」を意識していたのに対して、今回はアーバン・デザイン的な手法をとったわけです。そのことが、屋根形状だけでなく、素材にも反映している所が、一般的な軽井沢建築、ヴィラ建築と違う所だと思います。

——— 一般的な軽井沢建築とは？

隈　素材の選択に対して、クライアントや住み手、設計者の「Philosophy(=哲学、人生観)」が反映されている内発的建築のこと。しかし

森/床：居間/食堂

居間/食堂

和室よりテラスを見る

断面詳細 S=1:120

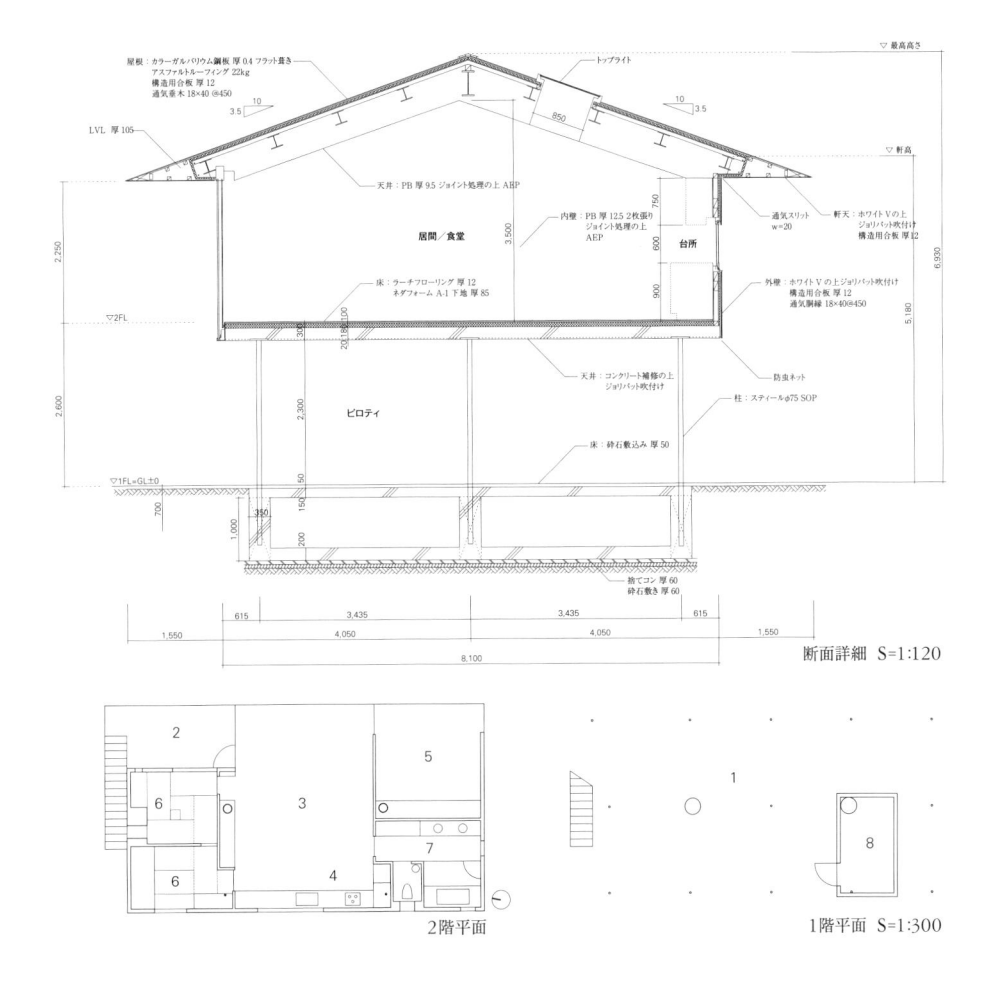

2階平面

1階平面 S=1:300

1 ピロティ
2 テラス
3 居間/食堂
4 台所
5 寝室
6 和室
7 浴室
8 倉庫

「Stone Roof」は、外部的与件を強く反映させることで、一種の「別荘批判」、「軽井沢批判」を試みました(笑)。

―

―――プロジェクト段階の模型を拝見した時には、特徴的な石の使い方に対して、「如何に、屋根を面的に処理しないか?」という意識を反映した「線材への微分」と理解していましたが、実際に現場を拝見すると、「線材への微分」ではなく、より細かくする粒子化でもない、独特の状態が顕れていた。

―

隈 「線材への微分」って、どんなモノがあったかな?

第4章 | 軽井沢の別荘　　　　　　　　119

Y Hütte 2006年

1 テラス	6 食堂	11 浴室
2 玄関	7 勉強部屋	12 客室
3 台所	8 寝室	13 ヴォイド
4 音楽室	9 倉庫	
5 居間	10 化粧室	

1階平面 S=1:200

2階平面

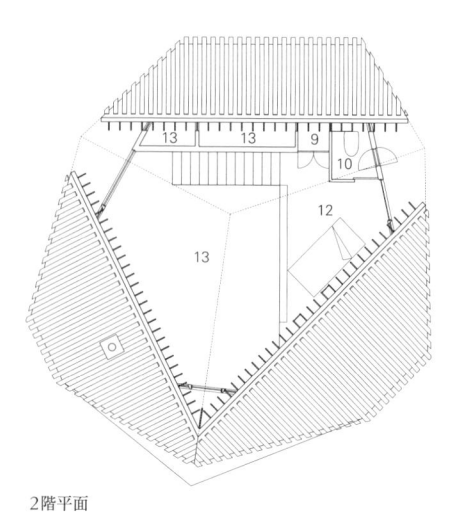

断面詳細 S=1:120

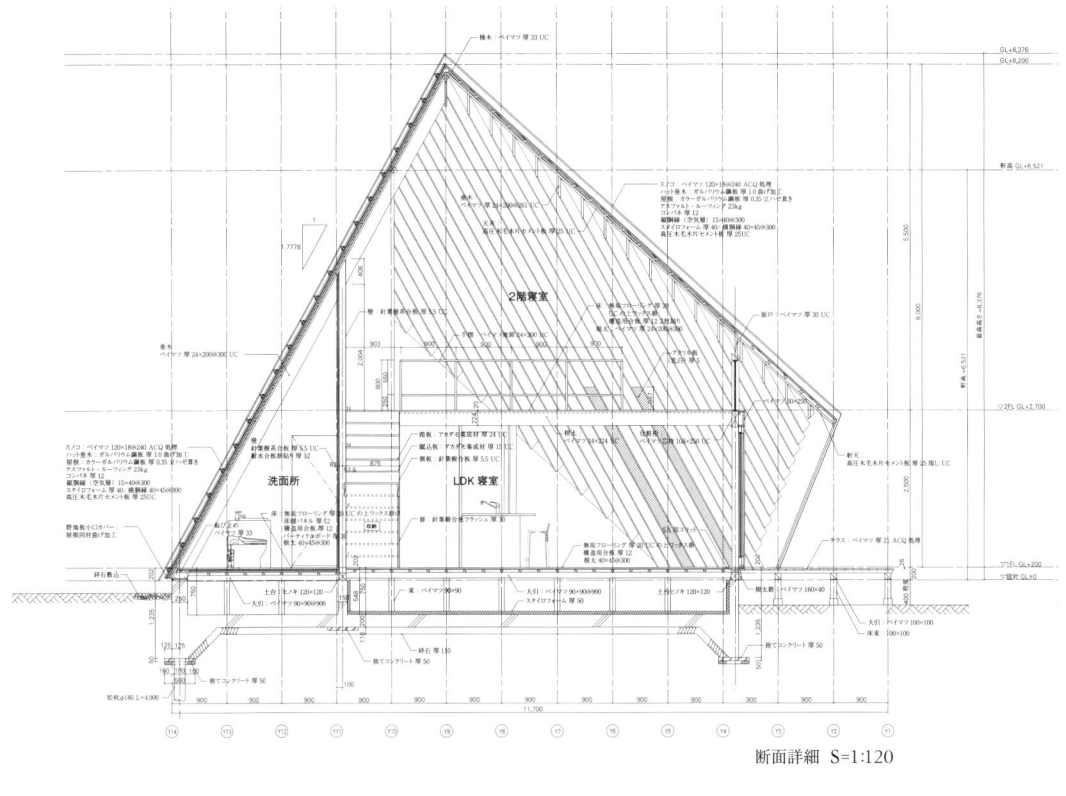

居間より寝室方向を見る

第4章 | 軽井沢の別荘　　　121

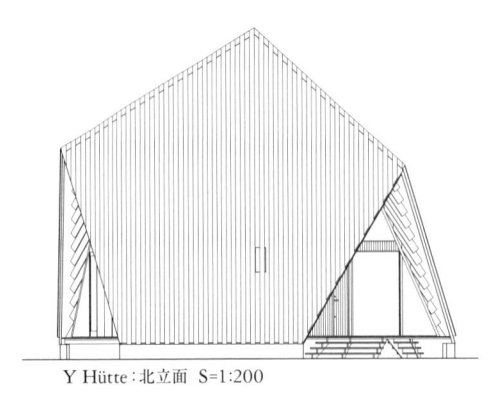

Y Hütte：北立面　S=1:200 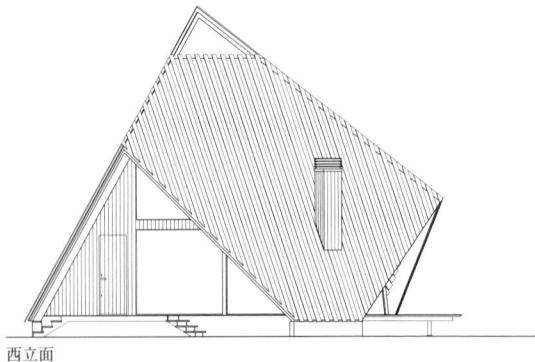　　　　西立面

―

――― 典型的なのは、**「那珂川町 馬頭広重美術館」**(2000年)。30mm×60mmの杉材を用いた、屋根面の「線化」です。**「Y Hütte」**も、同様の線化が行われています。

粒子化に関しては、同じ石材を用いた**「ちょっ蔵広場」**(2006年)などが挙げられます。石という素材が孕んでいるネガティブな様相を消すために、面でも線でもない、粒子化にチャレンジされていた。

今回の**「Stone Roof」**が、線化や粒子化に見えないのは……。125mm×500mm×厚20mmにピース化された石材の小口と平側、両方を満遍なくデザインに取り入れているからだと思います。

―

隈　確かにそうだね。

―

――― 同じく、石を使った住宅に、**「ロータス・ハウス」**(2005年、p.056-)が挙げられます。屋根と壁を完全に分離した上で、壁に使われている石は、基本的に平側(=面)だけで表現されている。分離された屋根も、軒裏のジョイストだけが感じられるように操作されています。

「Stone Roof」の屋根は、折板化されているので……。そ

の結果、「軒裏だけの屋根」として対処できなくなったので、面や線、粒子でもない、第四の微分化がなされたのでしょう。

―

隈 第四の手法は、「グラデーションをつくる」という意識から来ていると思う。ソリッドな面から、透明で視線や空気が抜けていくモノへと段階的に変化させていく時に、石のピースを平使いして面として扱う状態と、竪使いして小口を見せる状態を使い分けた。さらに、周辺環境に対して各々の密度をコントロールすることで、石の様々な表情をグラデーショナルに表現している。まさに、アーバン・デザイン的でインタラクティブな手法です。

「広重」 の場合も、けして広大な自然の中に建っているわけではなかったけれど、ぼくの中には、「物質に対する自分の哲学を表出しよう」という意識が何処かに残っていました。必ずしも、周辺環境だけからデザイン・ソースを抽出しているわけではなかった。

「Stone Roof」 では、外から与えられた環境条件への対処に集中したことで、今まで自分がやってこなかった手法が生み出せる期待もありました。その中から、**「広重」** のような自立的表現に繋がる萌芽が見い出

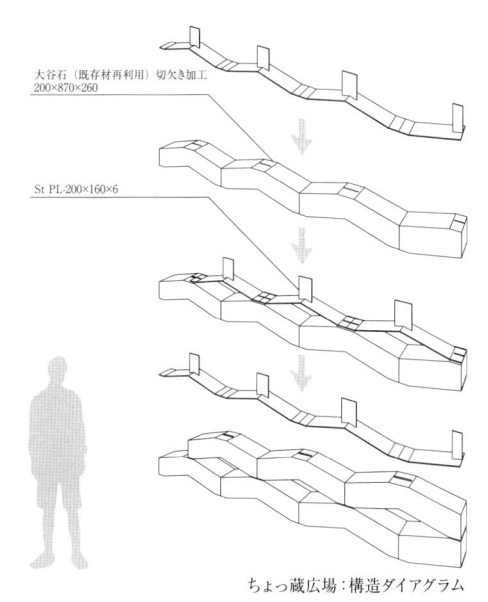

ちょっ蔵広場(2006年)　　　　　　　ちょっ蔵広場：構造ダイアグラム

せるかもしれない。つまり、自分が煮詰まらないためにも、「外からの与件に対して自分を開く」ことに意味があると思って、新しいディテールに挑戦したのです。

　もちろん、企業活動のためのゲストハウスという性格が強かったのも、プロジェクト自体のストレスを緩和していたと思う。個人の別荘は、クライアントの人生における集大成という側面が大きくなる場合が多い。都会にある自宅では実現不可能な、夢や人生観が反映されてしまうので、想像以上に別荘の設計って重くて大変なのです（笑）。

―

　―――屋根というエレメントだけを抽出すれば、均質だった**「広重」**から、グラデーションを伴った**「Stone Roof」**への変化は理解できます。でも、建物全体で見ると、決して**「広重」**は、均質ではありません。内部に重ねられた複数のレイヤーの持っている差異が、杉ルーバーを透してグラデーションを生じさせています。

　「Stone Roof」のように、外的な要因への対処に集中するには、フィルター自体（＝屋根自体）にグラデーションを掛ける必要があったのでしょうか？

―

隈　　**「広重」**だけでなく、**「森/床」**や**「Y Hütte」**でさえ、「屋根や壁のあり方」に関しては均一だった。その中で、各要素に対して「どんなグラデーションやレイヤーを掛けられるか？」と、建築内外の設定を思考し続けてきたわけです。

　その二つの住宅と比べると、屋根自体を屈折させることで、「屋根や壁のあり方」自体も操作しているところが、**「Stone Roof」**の決定的な違いだと思う。さらに、ピース化された石の使い方にバリエーションを与えることで、「屋根的なモノ」と「壁的なモノ」にも中間的存在が生まれ、バリエーションを生じさせている。

―

　―――何故、「屋根や壁のあり方」まで操作する必要があったのですか？

隈　別荘に対する認識が、「スピリチュアルなモノではなく、カジュアルなものじゃないか」と思えたから。

　特に最近、海外でリゾート・ホテルのプロジェクトに関係することが多くなったので、そんな意識が芽生えたのかもしれません。スピリチュアルな内在性を反映させる代表格として美術館があるとすれば、リゾート・ホテルは外在的なモノに対してカジュアルに解く必要がある。そんなリゾート・ホテルと同様に、別荘であっても「外在的に解こう」と思えたわけです。

　　　———リゾート・ホテルの設計には、商業的効率も加味する必要がありますよね。

隈　だから、普通に外在的に解いてしまうと、コマーシャル建築に陥り易い。ぼくは、コマーシャルにならずに、カジュアルに解く方法もあり得ると考え始めているのです。

　　　———具体的な手掛かりは？

隈　人間が本来持っている身体性にまで降りていけるか。それは、建築が煮詰まらないための、一つの方策だとも思えます。

　例えば、リゾート・ホテルと一括りにしても、当然、敷地だけでなく与件も様々です。結果的に、外部から入り込んでくる複雑な与件に対するレスポンスという形で、設計が進んでいきます。その際、バラエティに富んだ荒々しい与件、煩雑な施主への対応の中で、設計サイドが持っている身体と建築を繋ぐヴォキャブラリーを武器にして、与件を整理する必要がある。

　「Stone Roof」で言えば、**「広重」**以来培ってきた、堅ハゼ葺きを応用したルーバーのディテールを用いて、石の面や小口を見せている。また、石のピースと鉄骨を組み合わせることで、「壁に近い屋根」や「屋根に近い壁」という新しいヴォキャブラリーも生まれた。

第4章｜軽井沢の別荘

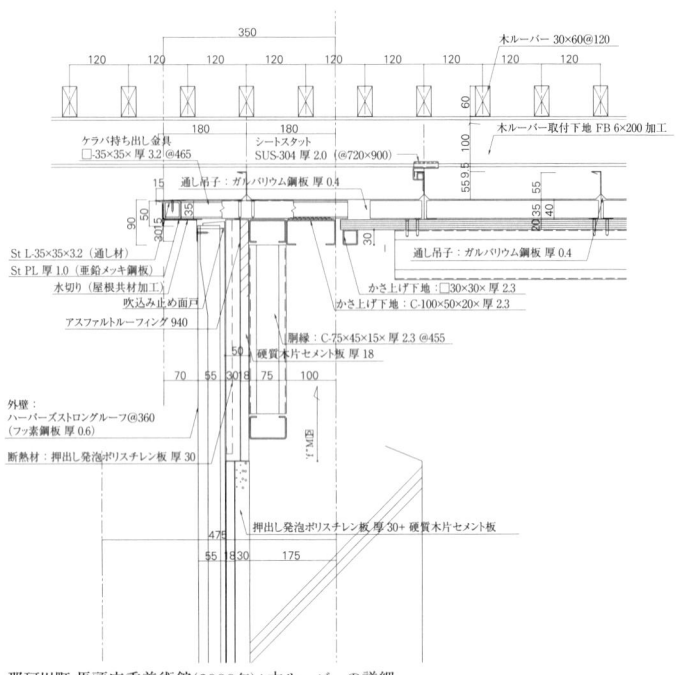

那珂川町 馬頭広重美術館(2000年)：木ルーバーの詳細

――― 何故、「**Stone Roof**」では、「**広重**」のような複数のレイヤーによるバラエティが付けられなかったのですか？

　―

隈　　たぶん、「**広重**」的な方法でも解けたと思う。ただ、「石のピースの平と竪」で解いた方が、ぼくたちがアプローチしていない、新しいフェイズに連れて行ってくれそうな気がしたのです。

　―

――― 軽井沢で、アーバンに解く。スピリチュアルではなくカジュアルに解く。それらの方法は、乖離しつつある社会と建築家の関係に、ブリッジを掛けるヒントになりそうですか？

　―

隈　　「**広重**」のような「複数のレイヤーの積層」は、様々なエフェクトをつくってくれるけれど、キャラが立ってこない。一方、「**Stone Roof**」における「平の石と竪の石」の羅列は、新しいキャラになるヴォキャブラリ

ーとして、登録される可能性があると考えています。

　一つのヴォキャブラリーたり得ることは、建築が世の中で生き残っていく上で、重要なカギになると思う。

―

　―――キャラクターを立たせ過ぎると、コマーシャルに取り

Stone Roof：エントランスから水盤方向を見る

込まれてしまいませんか？

―

隈　絶えず進化し続けるアイコンさえつくることができれば、コマーシャルに取り込まれない。例えば、「コンクリート打放し」のような「進化しないアイコン」は、退屈になるだけでなく、消費されつくしてしまう。

　進化し続ける、充分に建築的なアイコンをつくり続けることが、今の時代に必要なんです。

―

　―――マテリアルも選り好みしない？

―

隈　もちろん、マテリアルのバリエーションも進化する。「平の石と竪の石」の羅列も、ぼくの仕事の系譜で辿りついたアイコンです。そういうモノを建築家が提案し続けていくことこそ、重要だと思い始めています。

———アイコン自体を進化させる際に、「場を読む」ことは重要だと思いますが、隈さんはコンテクストという言葉を、あまり使いません。

隈　1980年代に登場したコンテクスチャリズムにおいて、コンテクストがどう翻訳されたかと言うと……。結局、場所のコンテクストを読むことによって、既成の建築ヴォキャブラリーの中から、それに合ったモノを探しただけの退屈な作業だった。

　つまり、場所のコンテクスト自身の固有性、一回性が見えなかった。個人的に、場所とはコンテクストという言葉に還元できない、固有のモノだと思うのです。

———今回は、「軽井沢なのに、軽井沢らしくない場所」という話がありました。

隈　「軽井沢なのに、軽井沢らしくない場所」こそ、ぼくたちにとっては好ましい敷地なのです。何故なら、安易に類型化せずに、「軽井沢の中にも、様々な固有性がある」と捉えているから。

　言い換えれば、場所を一回性のあるモノとして見る。一回性の「軽井沢らしくない所」を意識すればするほど、「平の石と竪の石」の羅列は「この場所らしいな」と思えたのです。

　恐らく、「ティピカル軽井沢」な場所だったら、石を使わなかったでしょう。軽井沢的な湿度の中で、石の異物感や堅さだけが浮き上がってしまうなら、「**Y Hütte**」のように、軽井沢の気候と共にカビていくような木を使いたくなった筈です。

　「**Stone Roof**」の周辺は、どちらかと言えばリゾートマンション的な敷地が持っている、奇妙な明るさがある。その明るさに対して、オイスタ

ー・ストーン独特の白い表情がフィットすると感じたのです。だからこそ、今回の場所とオイスター・ストーンの組み合わせは、一回性の出来事として記憶されるだけでなく、独特のキャラクターやアイコンとして立ってくると思う。

───

──── 今までも、「都市vs.田園」という二項対立を外そうと、隈さんは言い続けてこられた。

───

隈　軽井沢自体、その鬩ぎ合いを演じている戦場です。その中でも、「軽井沢らしくない場所」なわけだから、既存解で解くことが難しい。

　ティピカル軽井沢であれば吉村順三的な方法で解けるけれど、周囲に樹木もなく、大きく茫洋な敷地に立つリゾートマンションなどを見ると、ひどい結果になっている場合が多い。都市的にも解けないし、吉村順三的にも解けないから、都会のマンションに屋根だけ載せたモノばかりになってしまう。何れにしろ、類型化されたコンテクストに当て嵌めてしか、その場所を読んでいないことの無惨な結果です。

───

──── 軽井沢のようなリゾートの中途半端な都市化も、「**Stone Roof**」と同様の手法を用いれば、歯止めが掛けられそうです。

───

隈　「都市vs田園」という二項対立からの卒業が、絶対条件でしょう。「和風vs洋風」や「都会派vs自然派」という二項対立もそうだけれど……。それらに載っている限りは、過去のサンプリングにしかなり得ない。

───

────「**Stone Roof**」は、石を載せるために、H鋼を多用したスティール・フレームで架構されています。今までの隈建築であれば、このフレームの存在感を消すために、チャコール・グレーで着色していた筈ですが……。今回は、白く塗装されていました。

───

第4章｜軽井沢の別荘

臥梁：スティールプレート 厚 19

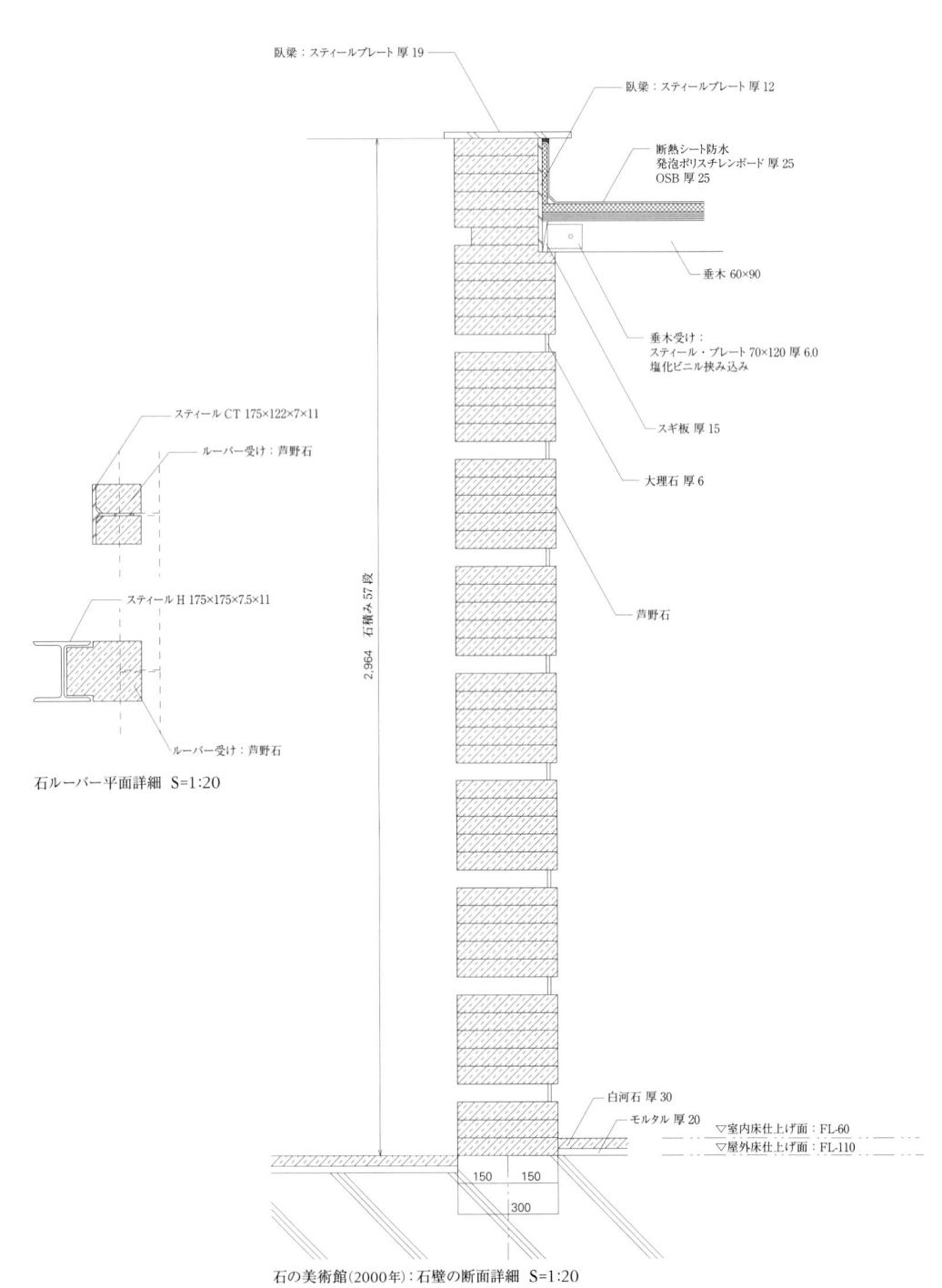

臥梁：スティールプレート 厚 12

断熱シート防水
発泡ポリスチレンボード 厚 25
OSB 厚 25

垂木 60×90

垂木受け：
スティール・プレート 70×120 厚 6.0
塩化ビニル挟み込み

スギ板 厚 15

大理石 厚 6

芦野石

2,964 石積み 57 段

スティール CT 175×122×7×11

ルーバー受け：芦野石

スティール H 175×175×7.5×11

ルーバー受け：芦野石

石ルーバー平面詳細 S=1:20

白河石 厚 30
モルタル 厚 20
▽室内床仕上げ面：FL-60
▽屋外床仕上げ面：FL-110

150 150
300

石の美術館(2000年)：石壁の断面詳細 S=1:20

130

隈　白く塗る気になったのは、オイスター・ストーンがあったから。スティールを白色に塗装することで、初めて石の強さと拮抗する感じが得られると思いました。

───「Stone Roof」では、石という素材の新たな可能性を見付けましたか？

隈　様々な石の可能性に、初めて気付かされたのは、**「石の美術館」**（2000年）でした。

　例えば、小口を表現につかうこと。通常、石を使う場合は、面のテクスチャーを重視する場合が多いでしょ。そうではなくて、小口＝厚さを見せるだけで、まったく別物になることが判ったのです。**「Stone Roof」**でも、**「石の美術館」**とは違った小口の使い方にチャレンジしたわけです。

　「今回のクライアントは、懐が深いな」と判断すると、それなりに突っ込んだギリギリの提案をしてしまうから、自分たちの首を絞めることになるんだよね（笑）。でも、それこそ建築には重要なんじゃないかな。ギリギリを越えた鬩ぎ合いの中から、様々な苦労や面白さが生まれてくる。

───石の扱い方を含めてギリギリの選択をした結果、**「Stone Roof」**に穿たれた孔は、今までとは違う性格を醸し出したのではないでしょうか。

隈　今回の孔は、どうかな……。

───今までの隈建築では、人体の口や鼻、目などを例示しながら、肌のテクスチャーと異なる「湿度感のある孔」に言及される場合が多かったと思います。個人的に**「Stone Roof」**の孔は、耳に開けたピアスのように感じました。人工的に人体に開けた孔のテクスチャーは、肌と同化する。

隈　それは面白いね。確かに、「軽井沢らしくない」という周辺環境に

第4章｜軽井沢の別荘　　　　　　　　　　　131

対して、普通にウェットな孔を開けてしまうと、簡単に進入されてしまうと考えていました。その結果、孔を含めて**「Stone Roof」**全体に、一種の鎧性を持たせている。

———

———オイスター・ストーンを選択したのは、凍結しずらい低含水率が決め手のひとつだったと伺いました。よく考えてみれば、口や鼻は、人体の中でも凍傷になりやすい部位です。

———

隈　ある種の乾燥感、硬質感はあるけれど……。普通に石をベタに貼った箱とは違う、別の硬質感がつくれた気がします。その結果、鱗の間から呼吸しているような感じも出せた。

　当然、技術的な難易度は高くなります。「目地を大きくする＝オープン・ジョイント」ということなので、まさにピアスのような「乾いた孔」の状態が理想的なのです。

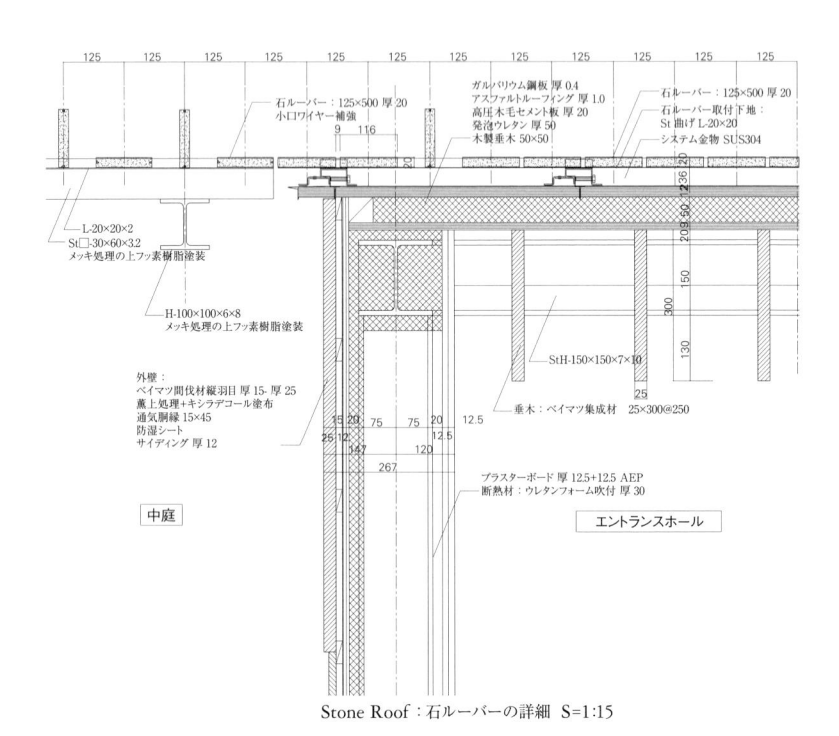

Stone Roof：石ルーバーの詳細　S=1:15

Stone Roof：石ルーバーの軒裏

―
――― 隈建築における住宅は、発表されているだけでも約20軒を数えますが……。デビュー作である**「伊豆の風呂小屋」**(1988年、p.010-)の頃と**「Stone Roof」**を比べると、住宅を巡る状況にも違いがあると思います。
―

隈 1980年代の後半は、建築をスピリチュアルなモノとして解こうという雰囲気が強かった。住宅だって、「何かを象徴する神髄である」と解こうとしていた。そんな状況を批判していたわけだけれど、「結局、そういうモノとしてしか住宅を定義しない社会」に対する絶望感も同時にあったわけです。

ところが現代は、住宅自体がアーバン・デザインにもなり得るし、カジュアルなモノ(=身体を解き放つ衣服的な装置)にもなり得る時代になりました。住宅って意外と使い道がある、アーキタイプだと思い始めています(笑)。

第4章｜軽井沢の別荘

───今まで、同様のアプローチをした建築家はいなかったのですか？

隈　例えば、エドウィン・ラッチェンス。彼が生きた19世紀後半から20世紀半ばのイギリスにおいて、様々な階層や場所にフィットした解答を、次々と出していました。アーバン・デザイン的アプローチの典型として、バタフライ型住棟を提案していたことは有名です。

彼のような住宅に対するアプローチは、19世紀末のイギリスにおける成熟した社会があって、初めて生まれたモノだと思います。当時のイギリスと同様に、日本の社会やライフスタイルが成熟してきたから、**「Stone Roof」**もカジュアルでありながら、ある程度の品格のようなものが保てている気がします。

社会が成熟していない時は、社会や経済からくる様々なプレッシャーを拒否するスタンスじゃないと、なかなか住宅として成立しない。安藤忠雄さんの**「住吉の長屋」**(1976年)は典型例ですよね。

一方、ぼくたちは「拒否ではなく、何かを受け入れることが表現になる」と考え始めています。そんな意識こそ、**「住吉」**から35年以上経って、時代が大きく転換してきている証拠だと思う。

───「ポジティブに思える要素を見出すこと」こそ、現代社会との接点を持てるチャンスにもなるわけですね。

隈　社会との接点を持つことこそ、表現になる時代になってきたと思う。

篠原一男の『住宅論』(1970年)は「拒否の時代」の典型的なテキストで、ぼくの『10宅論』(1986年)は「拒否の時代」を茶化したわけです。今や、自然体で社会と接することがそのまま表現になる時代に、やっとなってきたのではないでしょうか。

───近代化以前の民家は、手に入り易いローカル・マテリ

アルを適材適所に利用することで、社会とのポジティブな接点を視覚化しました。現代社会では、ローカル・マテリアルという概念自体も崩れているので、同様の視覚化は難しい状態です。

―

隈　現代社会においても、少しでも建築家の気が利けば、場所の中から独特な物質やディテールは見つけられそうな気がしています。

　近代化以前の民家は、長い時間を掛けて幸福な関係を紡いできた産物として存在していたわけだけれど、「何百年という成熟を経ないでも、ぼくたちの時代独特の軽やかな運動神経があれば、生活と物質をつなげられるかもしれない」と、やっと最近になってポジティブに思えてきました。場所って、少しも死んではいないんです。

第5章 | 家具について

―――― 最初に、家具をデザインされたプロジェクトは何ですか？

隈　「伊豆の風呂小屋」(1988年、p.010 -)で、ダンボールを積層したソファをカスタム・メイドしたのが最初です。

　フランク・ゲーリーのS字曲線を強調した「Wiggle Side Chair」(1972年)などと比べれば、角張った印象があるソファでした。今思えば、デビューの頃から「建築をつくることは、家具をつくることを含む」と当たり前のように考えていました。

　特に、「伊豆の風呂小屋」のような特殊な与件の住宅には、既製品の家具を持ち込むことに違和感がありました。「身体と環境を繋ぐモノ」を素直に考えると、偶々それが住宅になったり、家具と呼ばれたりする状態が、当時から理想だったのです。

　「伊豆の風呂小屋」では、「ダンボール・ソファ」以外に、杉丸太をスライスした、節だらけの板をそのまま使ったシンク兼テーブルもつくったけれど……。テーブルは、構造的にも機能的にも、家具なのか建築なのか曖昧なモノです。一方、椅子やソファは単独性が強いから、「家具をデザインした」ということが刻印されやすい。さらに、簡単に動かせるし持ち運べるので、商品性(= commodity)を帯び易いことも特徴だと思います。

―――― そして、テーブルなど他の家具と違って、「身体を委ねるモノ」です。

隈　個人的に、椅子における「身の委ね方」は、「茶碗」に近いと考えています。「茶碗」というのは、口を付ける前提の器なので、「身体と一体化されるモノ」とも解釈できるし、商品性や携帯性も内在している。

　ご存じのように茶道の世界では、未だに「特権的な商品」として「茶碗」が高額で取引されています。身体と深く関わりながらも高額商品として流通する、不思議な二面性を帯びてしまう傾向は、家具における椅子にもあると思います。

───見方を変えれば、椅子も「身体におけるもう一つのデリケート・ゾーンに触れる前提のモノ」ですからね。

隈　そうだね（笑）。口から連続する内臓を外部に反転するヒンジのような特別な役割を、椅子がしているのかもしれません。「尻を着く」ということは、「身体の粘膜が接している」ことと同義なわけですから。

───**「伊豆の風呂小屋」**の後、**「水／ガラス」**（1995年、p.014-）や**「川／フィルター」**（1996年）など住宅以外のプロジェクトで、カスタム・メイドの家具がつくられ始めます。それらは、直線やフラットな面を多用した、幾何学的なデザインが特徴です。

隈　ぼくの中では、「幾何学的」という以上に「薄い面」や「細い線」で構成したいと考えていました。座面や背板の薄さによって、「身体と環境」のinteraction（＝相互作用）を促すということです。その意識は、茶碗の縁を薄くすることに通じます。縁が薄い茶碗の方が、その中に溜められた液体と身体とのinteractionが起こりやすい。

　でも、ある時から「単に薄いだけでは駄目だ」と思い始めたのです。茶碗と違って自分の体重を委ねるわけだから、もう少し「身体との馴染み方」も意識するべきだと。そう考え出してから、椅子の構成要素において直角が崩れてきました。

───**「海／フィルター」**（2001年）でデザインされた**「Soba Chair」**は、そんな意識が反映された典型的な椅子ですね。

隈　**「水／ガラス」**における**「Glass Chair」**は、薄さを極めた結果、ガラスという堅い素材に到達したわけですが……。

　「Soba Chair」は、そこに人間の身体を委ねた時に、電気絶縁用の黒いPVCチューブ（＝4mmφ）がたわむことが大事だったのです。「椅子

水／ガラス（1995年）に置かれたGlass Chair

が絶対的な存在で、その上に載る身体が相対的」という感じではなく、身体を委ねると椅子も変形する。そんな「椅子の相対性」に気付くキッカケになったのが、「**Soba Chair**」でした。

　同じように透明なPVCチューブを使った椅子では、ジャンドメニコ・ベロッティによる「**Spagetti Chair**」（1979年）が有名だけど……。PVCチューブを身体に対して横に張っている「**Spagetti Chair**」に対して、「**Soba Chair**」のそれは縦に張られているので、身体へのチューブの喰い込み方がワンランク違うレベルになっています。

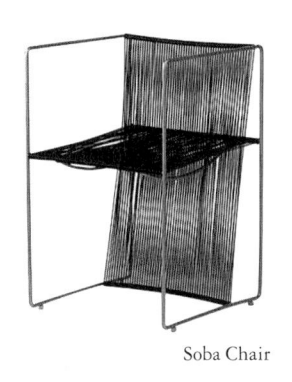

Soba Chair

　「**Spagetti Chair**」の場合、PVCチューブを使っていながら身体に対してきちんと抵抗しているけれど、「**Soba Chair**」のPVCチューブは、身体へ抵抗せずに「より一体化しよう」としてしまう（笑）。ある意味で、「家具としては、やってはいけない危険領域」に踏み込んだような感じさえありました。

―

―――ル・コルビュジエやミース・ファン・デル・ローエなど近代の巨匠たちが手掛けた椅子も、そんな危険領域に踏み込んでいたのでしょうか？

―

隈　例えば、コルビュジエのソファ「**LC 2**」（1928年）へ身を委ねると、クッションの部分は完全に身体に負けてしまう感じがある。構造体であるクロムメッキされたスティール・フレームだけが、何とか身体に抵抗しているだけで、それ以外の部分が身体に負け、融けて、自由に変形していく……。あの感じは、コルビュジエが最終的に目指していた境地に近いのではないでしょうか。

　写真で見ると、フレームの構成と四角いマッシブなクッションが、幾何学的な堅いバランスを取っているように見えるけれど……。座ってみるとクッションが余りにもグシャグシャで、「コレは一線を越えている」と思えてしまいます（笑）。ジオメトリーからスタートしながら、最終的には人

間の身体に応じて崩れる部分も包含している状態は、「**LCシリーズ**」の家具に限らず、コルビュジエ建築の最も面白いところだと思います。

　一方で、ミースによる椅子、例えば、ぼくの事務所の打ち合わせ室にもある「**MR Chair**」(1927年)は、Rattan(=籐)を編んだ柔らかい座面や背板をデザインしているにも拘わらず、身体に対する考え方がドイツ的で堅いんです。結局、ドイツ的な身体性で図ると、座る側に幾何学化に耐えうる強靱さを要求されてしまう(笑)。「**Barcerona Chair**」(1929年)のフォルムも、身体をリラックスさせる姿勢に誘導してくれそうに見えるけれど、実際に身を委ねてみると幾何学的に強制されるからね。

隈研吾建築都市設計事務所の打ち合わせ室に置かれた椅子の数々。奥に見える椅子が、籐が張られたミースのMR Chair。

　だから、打ち合わせの時にミースの椅子に座る人は、圧倒的に少ないんです(笑)。

—

———「**Soba Chair**」の後、「**長崎県美術館**」(2005年)や「**銀山温泉 藤屋**」(2006年)などでバリエーション展開している、「**Sen Chair**」をデザインされます。

長崎県美術館(2005年)に置かれた、Sen Chair

隈　実は、隈事務所の1階にある**「暗闇坂 宮下 青山」**(2004年)に設えた、6席のカウンター用にデザインした椅子が最初でした。その後、ドイツの家具メーカーによって、ソファーなどを含む**「Sen Collection」**として幅広く商品展開されています。

———**「Sen Chair」**の具体的な構成は？

隈　例えば、**「宮下」**用の初代**「Sen Chair」**は、13mm角の細いステンレス・フレームによって直交するジオメトリーを提示しながらも、その上に載せた薄いL型面(=厚3mmのアルミ基材+馬皮)によって、フレームのジオメトリーを微妙に崩しています。その結果、**「Sen Chair」**へ身を委ねると、ジオメトリーの方が崩れていく感じが生まれる。

つまり、「柔らかさ」ではなくて、「薄さ」によって崩すことに挑戦したわけです。薄い面であれば、PVCチューブのように、「身体との一体化」において一線を越える危険も少ない(笑)。

第5章｜家具について　　　　　　　　　　　　　　　　　　　141

───「Sen Chair」は、同じ茶碗でも「平茶碗」のような印象があります。

—

隈　確かに、「平茶碗」だと、さらに茶碗縁を薄くすることもできるからね。その結果、「器としての完結性」よりも「身体に対して器を開くこと」の方が重要になる「平茶碗」には、共感を持ちます。結局、「平茶碗」のように、ぎりぎり液体を扱うことができる家具が、椅子なんじゃないかな。

　近代化以前、日本の暮らしの基本は床でした。平らな床の上に身体(=液体)を投げ出す際、座布団や座椅子など、最小限の設えで液体を留めようとしてきたわけだけれど……。椅子でありながら、その境地に近づけようとしたのが、「Sen Chair」だったのかもしれません。

　岡田信一郎や吉田五十八など、和室の近代化に直面した日本の建築家たちは、同様の感覚に敏感だったと思います。例えば、和洋折衷の住宅において畳間と洋間にレベル差を付けたのは、岡田が最初だったと言われている。畳間のレベルを少し上げることで、洋風の生活を取り入れても「リキッドな身体」を畳の上に載せやすくしたアイディアは、ぼくも見習いたいところです。

—

───最近の作品では、「Water/Cherry」(2012年、p.148-)の2階リビングで畳間と板間の鬩ぎ合いがなされています。

—

隈　畳間と板間の関係だけでなく、クライアントであるロシア人の身体にも対応しなければなりませんでした。しかも、「彼らが、どのくらいアジア的なのか、西欧的なのか？」という、かなり微妙なセンを探る必要があった。西欧とアジアの間に宙吊りにされながら、日本に対するSympathy(=共感)を持っている身体に対して、「どんな床や家具で答えるか？」が問われたわけです。

　そこで出した答えは、「畳間のレベルを微妙に持ち上げるだけでなく、1畳分を掘り下げて座椅子を置く」こと。そして、約40畳の板間に6畳分の畳間を挿入することで、座椅子とソファーを同じ空間でバランスさせています。最終的には、「床と家具の緊張感を意識した、限りなく中間的

なモノ」が顕れたような気がします。

―――一昨年、商品化が発表された**「GC Chair」**がカスタム・メイドされた**「プロソミュージアム・リサーチセンター」**(2010年)は、千鳥格子を拡張した木組で埋め尽くされた空間が特徴です。それは床を感じづらい空間ですが、**「GC Chair」**に、どんな役割を期待したのですか？

隈　空間全体を、60mm角の細い木フレームに還元する。そんな**「プロソ」**の秩序(=500mm角の立体格子)に対して、微妙に直交グリッドを崩したり、木の線材の端部にテーパーをつけたりすることで、「ちょっとそれを崩した感じ」を**「GC Chair」**に求めたのです。空間の支配的秩序に対して対立するのではなく、微妙な差異を付ける操作によって、「リキッドな身体」を安心させる。

　ヨーロッパの家具は、マッシブな石積の構造と対比的な表現を採る場合が多いけれど、日本の空間のつくり方は、「微妙な差異を仕込むことで、生物的な安心感を得る」ところに特徴があると思います。例えば、床をちょっとだけ上げるとか、千鳥格子の直角を少しだけズラすとか……。その僅かな差異のささやきが、「身体への優しさ」を伝える空間的なメッセージになる。

GC Chair

――― そのメッセージさえ受け取れれば、「リキッドな身体」への気付きも生まれる。

隈　そうそう。**「GC Chair」**を構成している寸法は、**「プロソ」**を秩序付けている千鳥格子とほとんど同じです。でも、僅かに傾いていたり、僅かに先細りになっているというメッセージを発信する、重要な役割を担っているわけです。

―――**「GC Chair」**と同時に、**「NC Chair」**の商品化も発

第5章｜家具について　　　143

NC Chair

NEZU Cafe(2009年)。NC Chairが並んでいる

表されました。**「根津美術館」**の敷地内につくられた、**「NEZU Cafe」**(共に2009年)用の椅子です。

―

隈　　**「NEZU Cafe」**の内部は、タイベックというポリエチレン不織布で覆った「薄い膜空間」なので、そこにフレームが主体の**「Sen Chair」**や**「GC Chair」**を入れてしまうと、対比構造が表面化してしまう危険がありました。その空間を構成する原理に対して、家具の構成原理を「ズラし」としてバランスさせるために、カスタム・メイドする必要があると感じたのです。

―

――――**「Soba Chair」**における「SM的な身体と椅子の一体化」と比べると、**「NC Chair」**にはその危なさをまったく感じません。

―

隈　　現代を生きるぼくたちは、ジベタリアンと揶揄されたように「道路にも座れる身体」を獲得しつつあると思います。10年前と比べても、身体を構成している液体がさらに順応性を増している。20世紀アメリカ流

のピューリタニズム的身体が絶滅しつつある(笑)。場所によっては、ジェリー状にもなれるし、部分的に気化することだってできるかもしれません。だから、4本脚の内側2面を極限まで削り込むなど、「**NC Chair**」のようなさり気ない操作でも十分、椅子としての役割を果たせるケースも出てきたわけです。

　ぼくたちの「リキッドな身体」は、清潔という概念と深く関わってきました。だから、「椅子という型に埋める」と同時に、「汚い床から分離する」という作業を続けてきた。20世紀は、「アメリカ流ピューリタン的清潔感」によって、その作業がさらに加速されました。

　結局、工業化社会とは、「液体を如何に固体化し、流通させるか？」を追求してきた社会でした。その「20世紀的な固化の追求」に対して、21世紀初頭を生きるぼくたちは、逆のベクトルを望み始めている。例えば、アレハンドロ・アラヴェナがデザインした、「**Chairless**」(2001年)。リング状のベルトで背中と膝を括るだけで、どこでも「座る」という行為を補助してくれます。実際、「**Chairless**」を試してみると、ぼくにはベルトの拘束が強すぎて全然くつろげなかったけれど(笑)。

―

―――「Airな身体」にまで意識が向けば、くつろげるのかもしれませんよ。たまに座禅を組むと、あぐらで姿勢が拘束されていても、清々しい感覚に至る時もありますから。

―

隈　確かに、教会でひざまづきながら祈りを捧げる時にも、「Airな身体」を感じる時があるからな……。その瞬間は、「身体の固化」というベクトルに対して、宗教的な姿勢を通して、改めて液体に解きほぐされているのかもしれないね。

　一方で、現実社会でも、固体でないものも情報に翻訳され、流通し、価値を生み出し始めています。「工業化社会に換わる、情報化社会の家具」と捉え直すだけでも、もっと思い切った実験ができるかもしれないですね。

第6章　現代の和風について

―――「Water/Cherry」(2012年、p.148-)は、仕事を依頼された経緯が独特ですね。

隈　「**Wood/Berg**」(2008年、p.172-)の設計途中に、同じクライアントから「温泉が出る海辺の敷地を手に入れたので、和風の別荘をつくって下さい」と依頼されたことが始まりでした。それで、敷地へ行ってみると、竣工直後に拝見していたノーマン・フォスター設計の住宅が建っていて驚きました。

―――どんな住宅だったのですか？

隈　とても庇が深く、テラスも大きく確保された、平屋建ての端正な箱型住宅でした。でも、老朽化による解体直前に再会した時には、自分でも驚くほど、初見のような感動がありませんでした。

―――その差が生じた理由は？

隈　最初は、「**水／ガラス**」(1995年、p.014-)の設計を始める直前くらいに見せて頂いたのですが……。当時と比べるとぼく自身、格段に構造材を絞り込む設計になったからだと思います。この20年間で、構造に対するクライテリアが、決定的に変わってしまいました。

　今のぼくが見ると、フォスターの建築でさえボッテリしているように感じてしまう。

―――和風に対するクライテリアも、20年前と変わったんじゃないですか？

隈　確実に変わっていると思う。「**水／ガラス**」の頃から、本格的な和風の座敷をつくり始めたけれど……。プロポーション操作におけるコーナーの扱いに対する考え方が、だいぶ変わってきたと思う。

　つまり、「モノの厚みをどうデザインするか？」という問題意識の違い

第6章｜現代の和風について

Water/Cherry 2012年

1 客間　　　7 浴室
2 洗面所　　8 クローゼット
3 スパ　　　9 エントランス
4 厨房　　 10 居間/食堂
5 書斎　　 11 パントリー
6 寝室

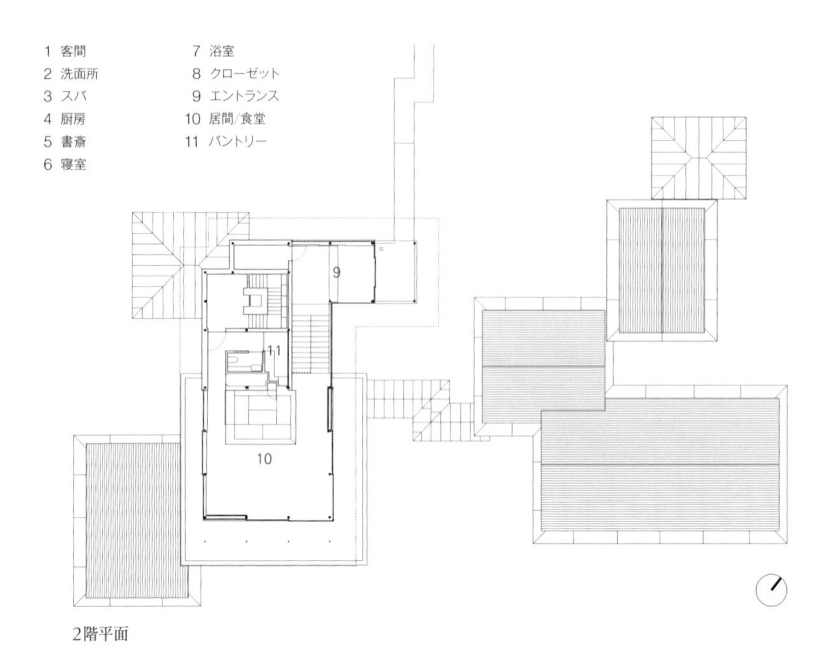

2階平面

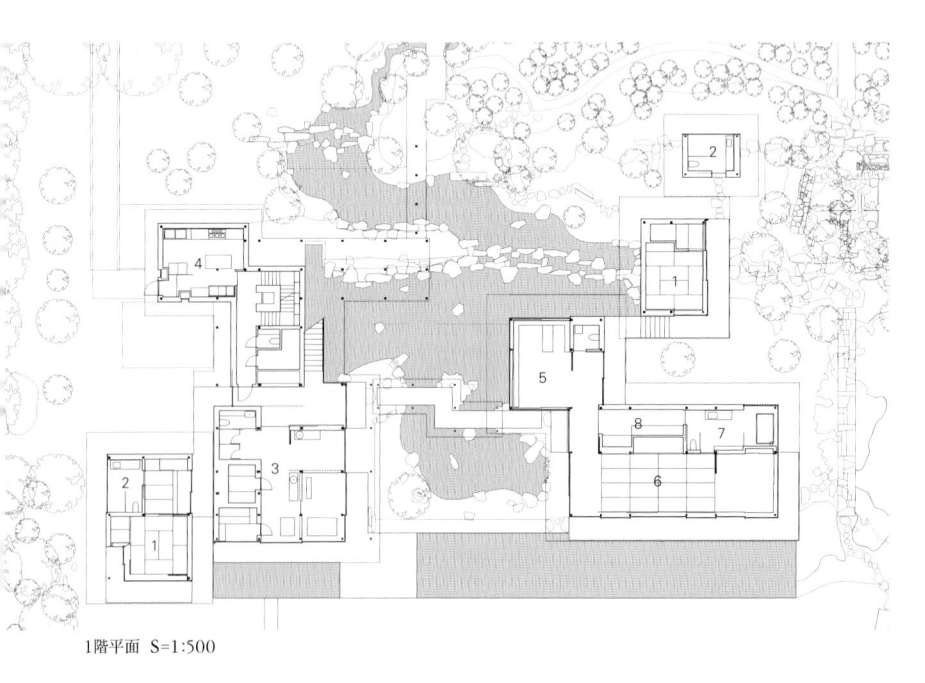

1階平面 S=1:500

北東立面1

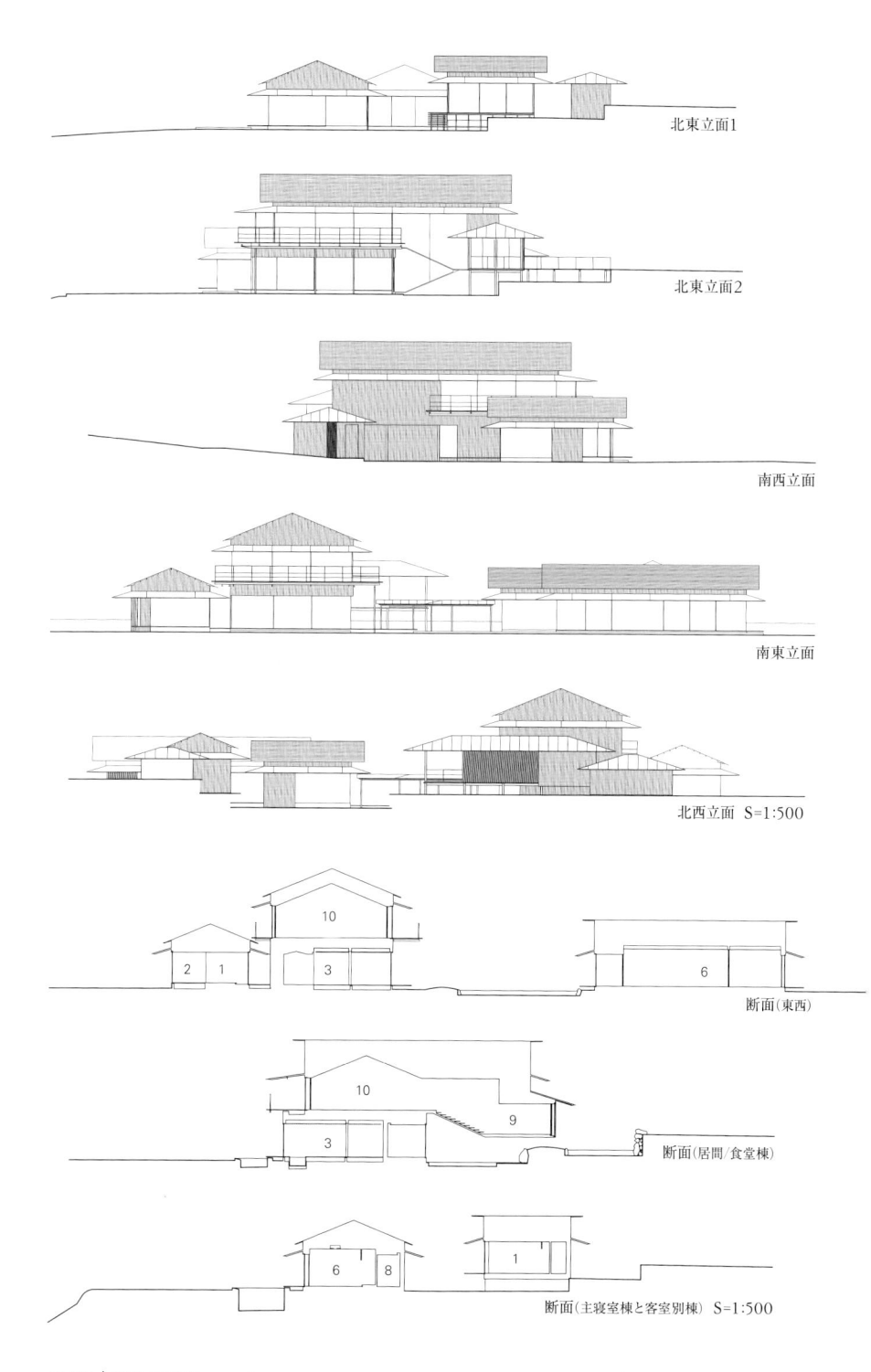

北東立面2

南西立面

南東立面

北西立面 S=1:500

断面(東西)

断面(居間/食堂棟)

断面(主寝室棟と客室別棟) S=1:500

第6章｜現代の和風について　　　149

Water/Cherry：居間/食堂棟2階のぬれ縁より、主寝室棟を見下ろす

です。例えば、**「水/ガラス」**の座敷では、ひたすら「ミニマルにしよう(=抽象化しよう)」という意識が強かったのです。でも、この20年間で「薄さがある」ことが、最重要のクライテリアになってきました。

—

———「薄さがある」ことと、和風はどう繋がるのですか？

—

隈　通常、「真行草を示す素材」や「真壁と大壁」など、和風と括るカテゴリーがあるわけです。その既成カテゴリーを越えた段階での「和風」を捉えようとすると、「薄さがある」ことになる。

東より見る夕景。手前が主寝室棟、奥が居間／食堂棟

第6章 | 現代の和風について

────「Water/Cherry」には、吉田五十八さんなどが推し進めた「近代和風の系譜」からの逸脱も意識されているのですか？

隈 もちろん意識しているけれど、「逸脱の仕方」が重要です。

例えば、書院造から数寄屋造への変遷には、当時のレギュラリティ＝クラシシズムを崩す意識が伺えるという解釈が一般的です。でも、その背後にある幾何学に対する意識は、共通するものを感じます。そして、吉田さんによる「大壁の採用」で、幾何学が消され始めた（＝抽象化され始めた）わけです。

ぼくは、そんな「和風的幾何学への意識」からさらに逸脱して、「モノとモノの関係性」だけを考えたい。その結果、モノには「薄さがある」ことを意識せざるを得なくなるわけ。

薄いモノが、ある一定の粒子感でつくられている。粒の大きささえ決定できれば、その背後にある幾何学はどうでもいい（笑）。

────近代数寄屋のように、無理をして幾何学を消す必要もない。

隈 「粒の大きさ」とは、物質自体（＝単位自体）が持っている軽さの決定に通じるわけです。この20年で、ぼく自身も、幾何学や抽象性しか扱わない頭でっかちな存在から、身体性を扱う存在に移行してきました。「人間と粒子の関係性」を扱うことこそ、現代性を孕んだ表現に繋がると思います。

幾何学→抽象性→身体性。和風三段階論の現在進行形として、「原始的な生物としての身体と、現代的な物質との関係」でデザインを考え始めているわけです。

結局、幾何学を前提にすると、定まった視点を対象にした透視図法的空間にならざるを得ない。生物の視覚能力と照らし合わせてみても、特殊な世界認識に過ぎないわけです。単眼と複眼、どちらの生物でも、基

Water/Cherry：居間/食堂棟2階、エントランス周り

主寝室棟南西面の軒先。プール越しに海を望む

本的な世界認識は360°を捉えている。全方位の環境を感じることによって、自らの安全性を判断してきた。このことは、アフォーダンス（＝環境が生物に与える意味）を研究している知覚心理学者、佐々木正人さんとの対談の中で教えて頂いたことです。

　単眼の人間が、「正面だけを見ている」という認識は、錯覚に過ぎない。幾何学と抽象を越える、新しい和風を考える出発点が、ここにある

Water/Cherry：居間/食堂棟2階エントランス前より渡廊越しに海を望む

居間/食堂棟の階段室

と思います。

———「**高柳町 陽の楽屋**」(2000年、p.030-)のような民家再生プロジェクトに携わっていた頃から、同様の意識が潜在していたと思います。最近の「**Bubble Wrap**」(2011年)に至ると、アフォーダンス的な意識を積極的に実験されています。

隈　実験的なパヴィリオンに限らず、「**Water/Cherry**」のような和風建築でも、内臓の膜をデザインしているような感覚があります。

　コルビュジエやミースなど近代建築の巨匠たちは、パースペクティブによってデザインしていたわけだけど……。最近のぼくは、自分が内臓の中に呑み込まれたような感覚で空間を追体験しながら、ディテールや素材を決定している。「前後左右も無い世界に呑み込まれた際に、表層を覆う柔突起が自分の身体へどう触れるのか?」という感覚で、設計を進めています。

———「**Water/Cherry**」では、外観に対する意識にも変化があるように感じます。例えば、同じ和風の住宅「**Yien East**」(2007年、p.156-)と比べても、屋根形状の選択から異なります。

隈　内部が「内臓」だとすれば、外観は「隙間の集積」という意識が強くなっています。隙間に自分が呑み込まれ、内臓へ導かれる。

　「**Yien East**」の場合、江戸中期に建てられた既存建物との関係も図らなければならなかったので、計画当初から「建物群へアプローチする」という感覚が否めませんでした。

———確かに、より一体感が表現し易い寄棟が選択されているし、平瓦(=290mm×215mm、厚21mm)を葺くことで既存建物との調和も図られています。

第6章｜現代の和風について

Yien East 2007年

離れより寝室を見る

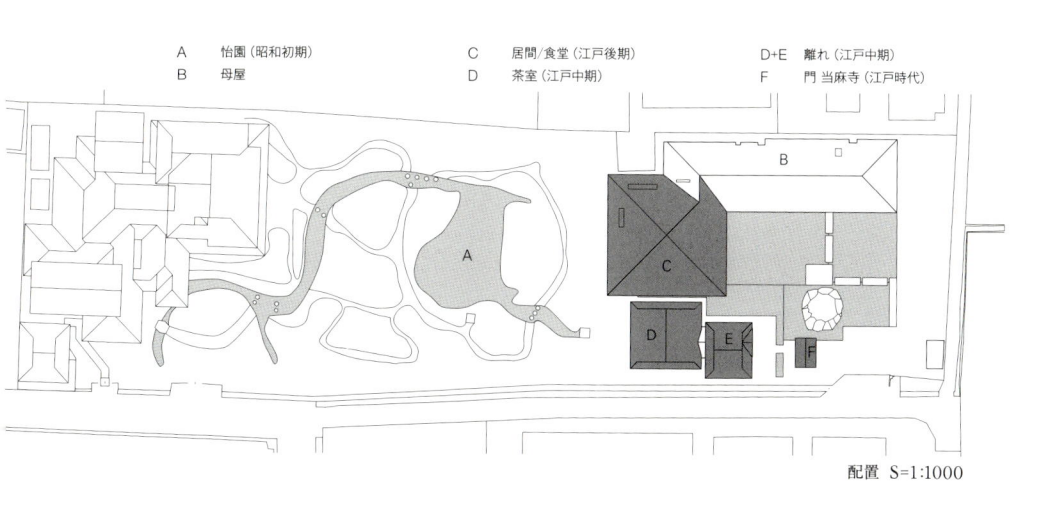

A	怡園（昭和初期）	C	居間/食堂（江戸後期）	D+E	離れ（江戸中期）
B	母屋	D	茶室（江戸中期）	F	門 当麻寺（江戸時代）

配置 S=1:1000

第6章｜現代の和風について　　　　　　　　　　　　157

Yien East：離れ

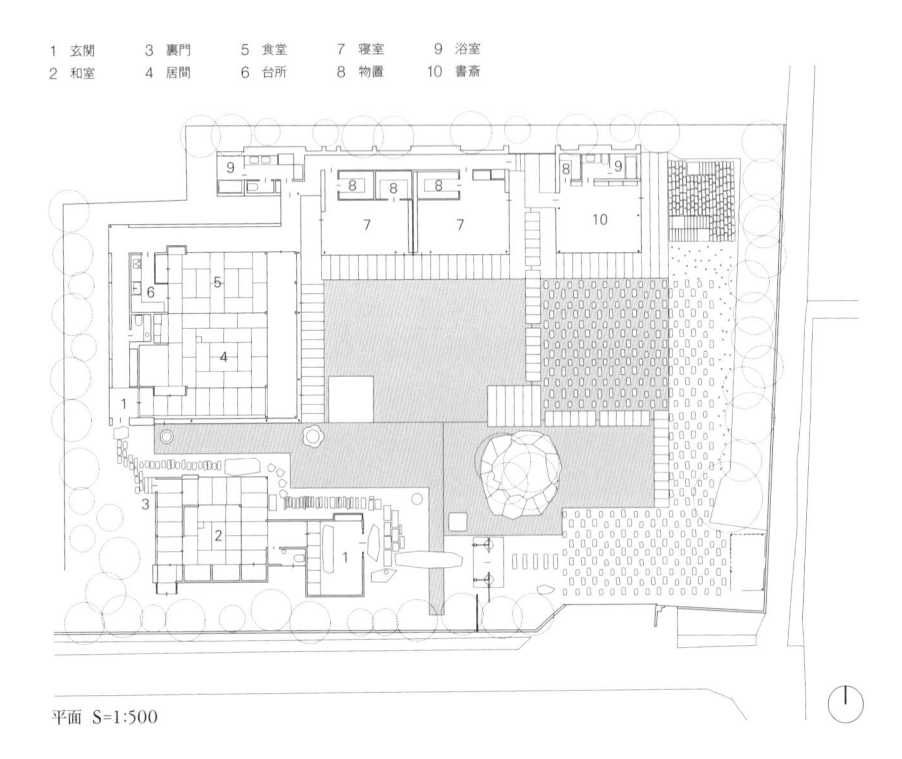

1 玄関	3 裏門	5 食堂	7 寝室	9 浴室
2 和室	4 居間	6 台所	8 物置	10 書斎

平面 S=1:500

書斎より寝室を見る

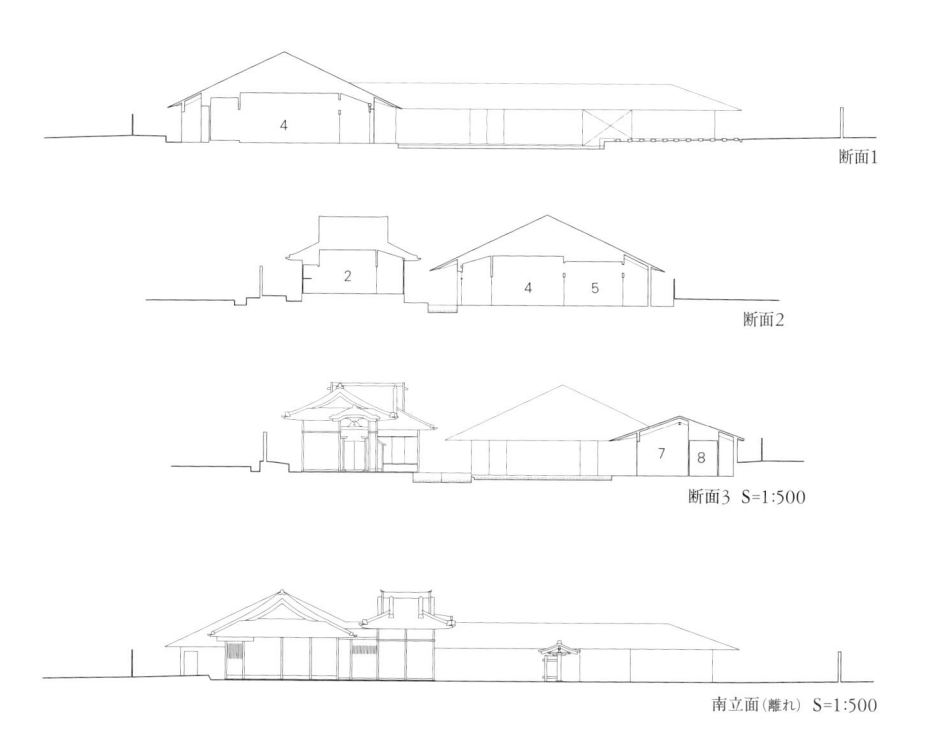

断面1

断面2

断面3 S=1:500

南立面(離れ) S=1:500

第6章 | 現代の和風について

159

Yien East：寝室と居間の隙間

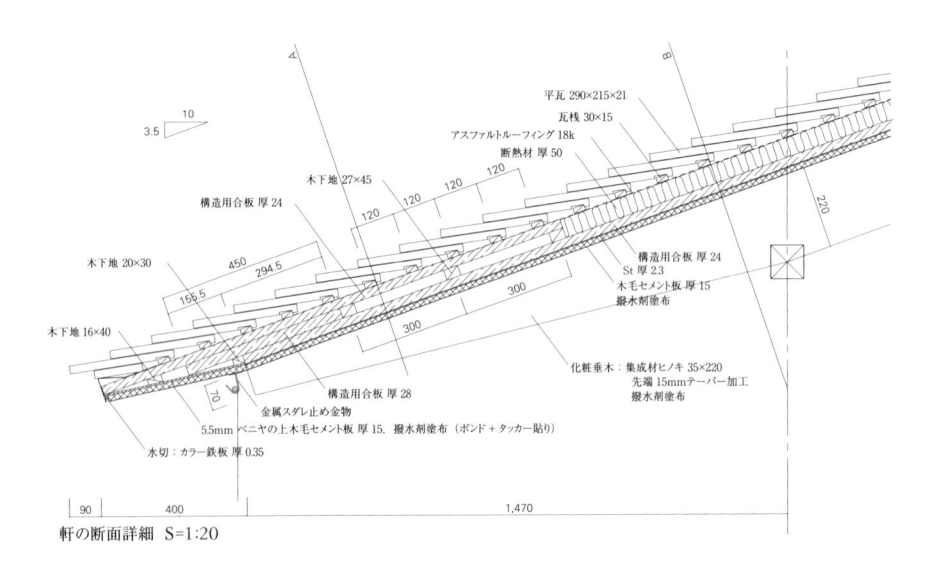

軒の断面詳細　S=1:20

平瓦 290×215×21
瓦桟 30×15
アスファルトルーフィング 18k
断熱材 厚 50
構造用合板 厚 24
St 厚 2.3
木毛セメント板 厚 15
撥水剤塗布

木下地 27×45
構造用合板 厚 24
木下地 20×30
木下地 16×40

化粧垂木：集成材ヒノキ 35×220
先端 15mmテーパー加工
撥水剤塗布

構造用合板 厚 28
金属スダレ止め金物
5.5mmベニヤの上木毛セメント板 厚 15，撥水剤塗布（ボンド＋タッカー貼り）
水切：カラー鉄板 厚 0.35

書斎前の軒下。竹林方向を見る

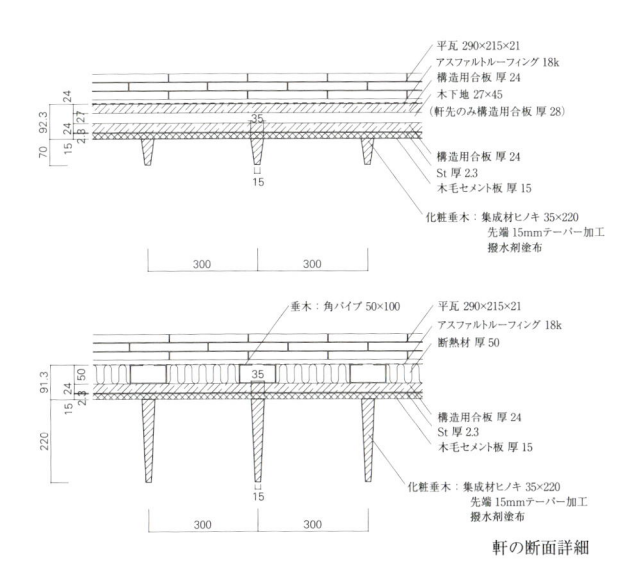

軒の断面詳細

第6章 | 現代の和風について

隈　一方、「**Water/Cherry**」では、まず最初に隙間が顕れ、その向こうに海が見えてくる。さらに、主寝室棟やリビング棟、客室棟などを分棟する際も、「群れとしてではなく、隙間として見えるにはどうしたらよいか？」を意識していました。

———

———隙間を意識すると、屋根のデザインにもデリケートな対応が求められますね。

根津美術館：瓦屋根の軒先に腰葺を巡らせている

———

隈　少なくとも、屋根の縁（=軒先）によって、隙間の持っている官能性を醸し出す必要があります。例えば、「**根津美術館**」(2009年)の腰葺のような切り離しのアルミ板(=厚3mm)を、切妻屋根(=ステンレス亜鉛メッキ鋼板、平葺き)の下に腰庇のように四周へ巡らせたのは、その一貫です。腰葺を腰庇として屋根から分離することで、各棟自体の分離も促す。

　外観の粒の大きさをコントロールしながら、その粒を空中へ漂わせ、粒と粒の隙間に人間の身体が自然と入っていける。その際に、粒の大きさと隙間のバランスがとても大切です。少なくとも、切妻屋根と腰庇が一体に見えないような隙間感を、「**Water/Cherry**」では大事にしていました。

――― 特に、妻面の扱いは、難しそうです。

隈　そうなんです。妻面をできるだけ小さく見せるために、腰庇の高さだけでなく、竪羽目板の張り方も工夫しました。通常の竪羽目の半分の寸法（=見付40mm＋目透かし4mm）にすることで、ルーバーのようにも見える筈です。

――― インテリアでは、切妻を意識させる部屋はほとんどありません。リビングや書斎において、腰庇が延長したような、寄棟調の天井があるくらい。

Water/Cherry：主寝室棟の書斎

隈　まさに、内臓のように反転された状態が、リビングの天井に最も顕れていると思います。ぼくたちが内部に求めている粘膜性を、大和張りの寄棟天井が具現化しているわけです。

　もし、大和張りの凹凸がなかったら、寄棟天井の稜線が際立っていたと思います。稜線をできるだけ捨象することで、全体がひとつの連続する被膜のように感じられることを期待しました。

第6章｜現代の和風について

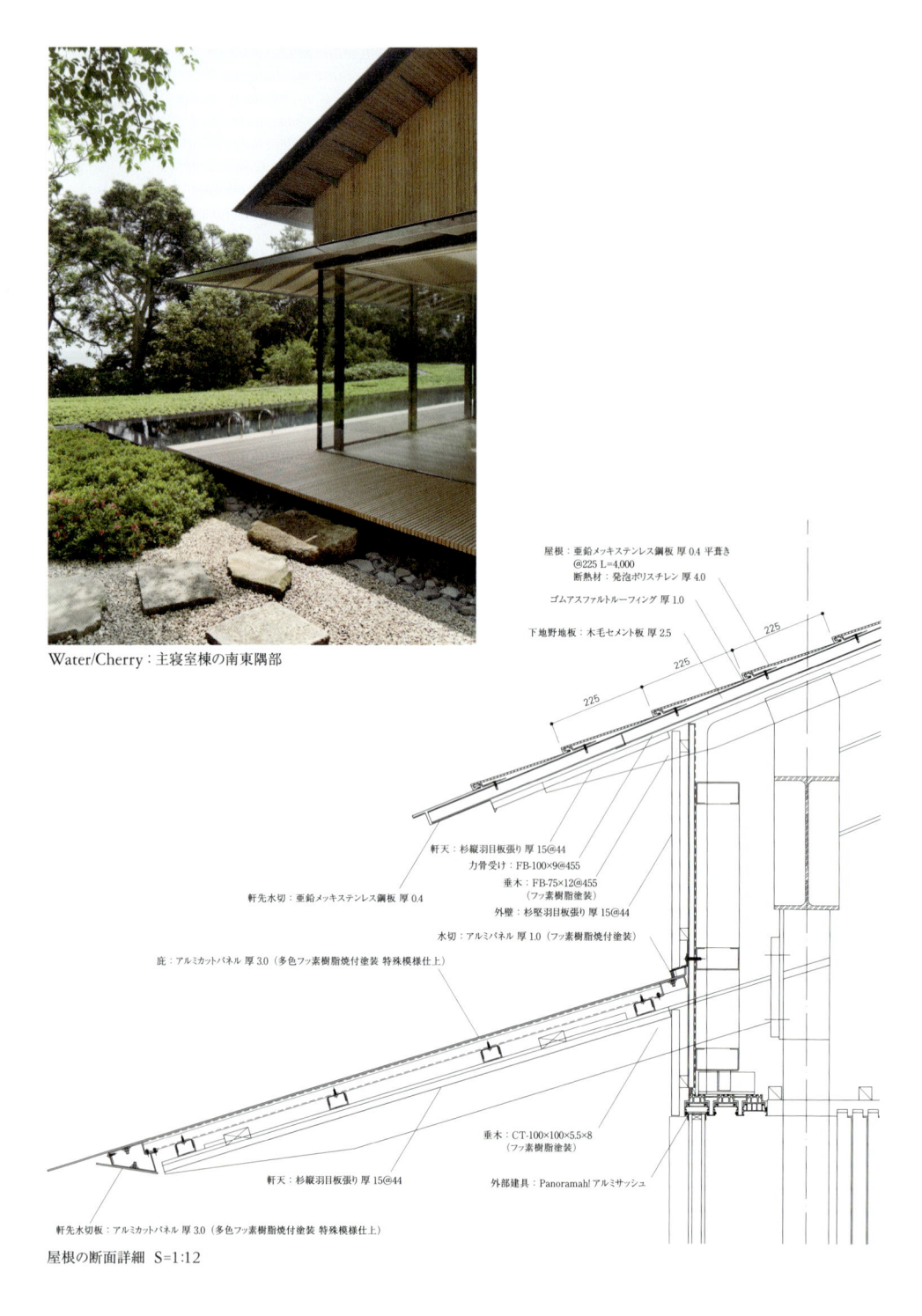

Water/Cherry：主寝室棟の南東隅部

屋根：亜鉛メッキステンレス鋼板 厚 0.4 平葺き @225 L=4,000
断熱材：発泡ポリスチレン 厚 4.0
ゴムアスファルトルーフィング 厚 1.0
下地野地板：木毛セメント板 厚 2.5

軒天：杉縦羽目板張り 厚 15@44
力骨受け：FB-100×9@455
軒先水切：亜鉛メッキステンレス鋼板 厚 0.4
垂木：FB-75×12@455（フッ素樹脂塗装）
外壁：杉堅羽目板張り 厚 15@44
水切：アルミパネル 厚 1.0（フッ素樹脂焼付塗装）
庇：アルミカットパネル 厚 3.0（多色フッ素樹脂焼付塗装 特殊模様仕上）

垂木：CT-100×100×5.5×8（フッ素樹脂塗装）
軒天：杉縦羽目板張り 厚 15@44
外部建具：Panoramah! アルミサッシ
軒先水切板：アルミカットパネル 厚 3.0（多色フッ素樹脂焼付塗装 特殊模様仕上）

屋根の断面詳細　S=1:12

2階居間/食堂。畳間(左)と板間が共存している

　「**待庵**」にも、摩訶不思議な天井架構が施されているけれど……。それは、幾何学的な要求よりも、内部的な要求を圧倒的に優先して、無理矢理解いた結果だと思います。なかなか、後世の人たちは、千利休ほどの勇気が持てなかったんじゃないかな。

——

───「**Water/Cherry**」にも、「無茶な要求」があったのではないですか？

——

隈　リビング棟のデッキを支える梁の大きさが、現場で問題になりました。

　各棟の構造は、基本的に二つの大きさのスティール無垢柱(＝90mm角と125mm角)と、成300mmのH型鋼の梁で構成しています。細くて華奢な無垢柱は、露出する前提の見付なので問題ありません。梁成についても、露出する部分がほとんど無いので、設計時には気にしていません

でした。

　ところが、現場での建方が終わってみると、2層分の高さの面が立ち上がり、デッキ下の架構も露出する、リビング棟東側の梁成の大きさが気になり始めたのです。主寝室棟からも間近に見える部位なので、成150mmのH型鋼に変更してもらいました。

　現場段階での変更だったので、当初の梁受けなどの跡が残っていますが……。**「待庵」**の天井のように、適度な味付けになっていると思います。

―

――― 建築面積に制限が掛かる国定公園内の建物なので、やむを得ず2階建ての棟をつくったと伺いました。このイレギュラーなヴォリューム感も、隙間のコントロールを難しくしたのでは？

―

隈　2層分の高さは、腰庇やデッキで分節しています。特にデッキで分節する場合、手摺を付ける必要があるので難易度が高まりました。

　実は、**「水/ガラス」**の時に水盤デッキを用いたのは、手摺を付ける必要がないからだったのです。今回は、ぬれ縁的にデッキを動線として使っているので、手摺の設置は避けられません。

Water/Cherry：居間/食堂棟2階東隅部。ぬれ縁越しに海を望む

水/ガラス：水盤デッキ

――どんなディテールで対処されたのですか？

隈　まず、デッキ先端から300mmセットバックした位置に手摺を配置することで、デッキの水平性を担保しています。また、支持部材の下地を隠すのが難しく、反射や写り込みの問題もある、ガラスの腰壁はやめました。

　最終的には、性能上問題ない程度のメンバーで手摺用のフレームを組み、落下防止のために最低限のワイヤーを渡すディテールに落ち着きました。

――敷地内に配された各棟は、庭的な設えの池やスイミング・プール、露天風呂などの水盤でも接続されています。ぬれ縁による動線も含めて、寝殿造的な様相も垣間見えます。

隈　数寄屋造より前の時代とは言え、計画性が勝っている書院造には、近代的産物の匂いを感じてしまいます。

　でも、寝殿造まで遡ると、計画性が薄れてくる。簡単に言えば、「水の上に寝殿を浮かべること」が最重要だった。「浮かんでいるものが、どん

第6章｜現代の和風について

Water/Cherry：居間/食堂棟の1階スパ

居間/食堂棟の1階浴室

敷地南隅に建つ、居間/食堂棟と隣接する客室

客室別棟。北東の庭園を見る

主寝室

第6章 | 現代の和風について

な幾何学やオーダーを持っているのか？」よりは、水面からの距離さえコントロールできれば、自分たちの目標は達せられる。そんなプリミティブさを、寝殿造には感じますね。

　雁行プランにしろ、花頭窓にしろ、ある種の強い形式性を感じてしまいます。でも、寝殿造の場合は、形式化以前の伸びやかさがある。**「Water/Cherry」**は、それと同じ様なプリミティブさを孕んでいると思います。

———

　　　　———数寄屋の極致と言われているにも拘わらず、**「桂離宮」**の書院群にも形式化以前の伸びやかさを感じる部分もあります。

———

隈　増築を重ねることで、意図的に形式性を崩しているからだと思う。唯一、一貫しているのは、地面と床の距離。**「桂離宮」**が、未だに記憶に残る建築として存在感を保持しているのは、「地面との距離を図るプロポーション」を感じるからなんです。

———

　　　　———通常、床柱として使われる北山杉のシボ丸太でさえ、長押に使っていると聞いています。そんな操作も、「地面や床との距離」の意識を強く反映しているように感じます。

———

隈　柱の見付は極力絞るけれど、梁成のメンバーは出しても良い。これは、**「那珂川町 馬頭広重美術館」**(2000年)から一貫している、隈事務所のルールでした。**「Water/Cherry」**でも、そのルールを反映させていたわけですが……。2階という問題に、初めて直面したとも言えます。

———

　　　　———初めて、梁成が気になったんですね。

———

隈　今、思い返してみると、水面との距離を最も意識したプロジェクトだったからですね。だから、水面から浮いている部材で最も大きい2階の床を支える梁成に、現場で目が向いたのだと思います。

───
──── 隣地では、第2期の計画が進行していますね。
───

隈　第2期は、四つの客室からなる、独立したゲストハウスです。利用するゲストが、必ずしも顔見知りではないかもしれないので、プライバシーを担保しながらも、潮騒くらいは感じられるような、風車型のプランに落ち着きました。

　そして、第1期とは対照的に、PCの壁で構成する予定です。ただし、ベタにPCを使ってしまうと、壁面の強度を上げてしまうだけです。第1期の繊細な竪羽目板と同様に、「竪のエレメントの集合体」としての壁をPCで実現する予定です。

───
──── 土ブロックを積んだ**「安養寺木造阿弥陀如来坐像収蔵施設」**(2002年)など、壁面に比較的重い素材が宛われた時は、屋根の操作がシンプルになる傾向がありますね。
───

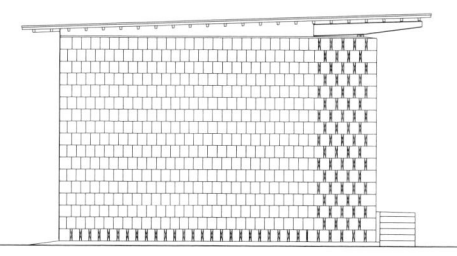

安養寺木造阿弥陀如来坐像収蔵施設：南立面　S=1:250　　　　　　　　　　　東立面

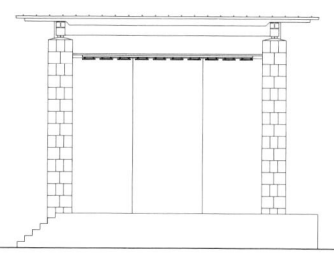

隈　ガラス、腰庇、小壁、屋根と、自然なヒエラルキーを与えられる華奢な素材は良いのですが……。重くて厚い素材の上に、複数の素材を載せてしまうと、ワザとらしく感じてしまう。

　第2期のPC壁に掛かる屋根も、腰庇などを巡らせずに、できるだけシンプルな操作に徹したいと考えています。

Wood/Berg 2006年

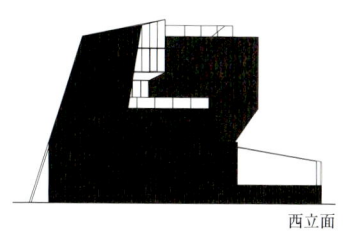

西立面

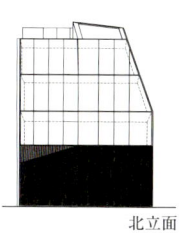

北立面 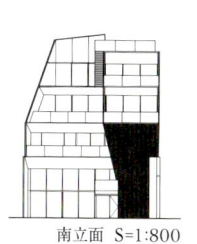　南立面　S=1:800

玄関

第6章｜現代の和風について

Wood/Berg：玄関

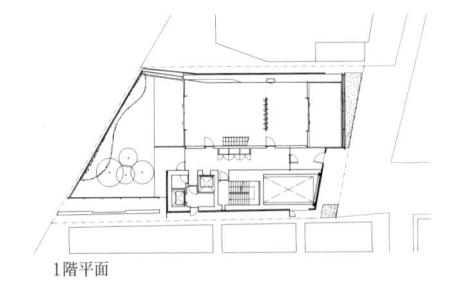

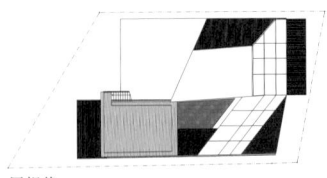

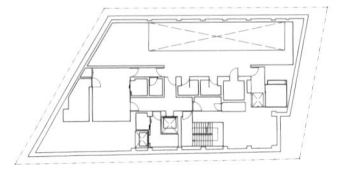

屋根伏

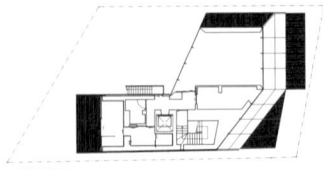

5階平面

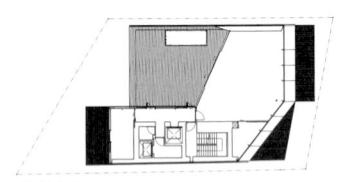

4階平面

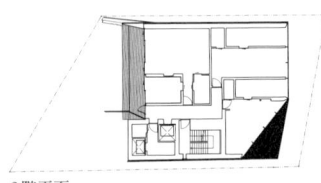

3階平面

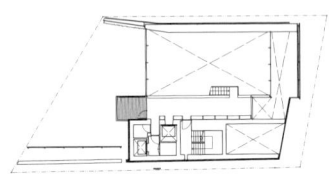

1階平面

2階平面

地階平面　S=1:800

居間。会議室方向を見る

居間。書斎方向を見る

第6章 | 現代の和風について

Wood/Berg：遊戯室階のテラス

遊戯室階のテラス。南東を見る

遊戯室

第6章｜現代の和風について

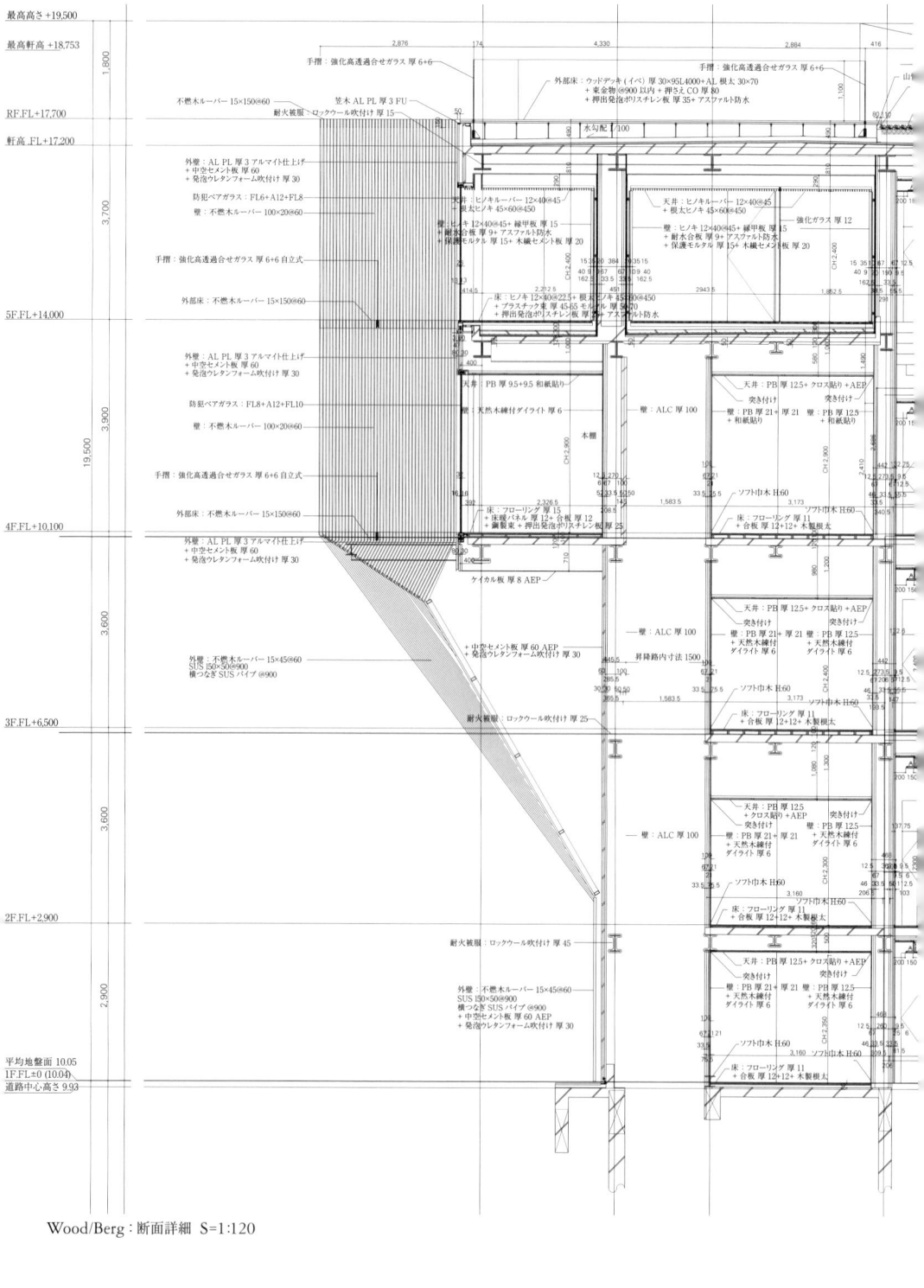

Wood/Berg：断面詳細 S=1:120

プール

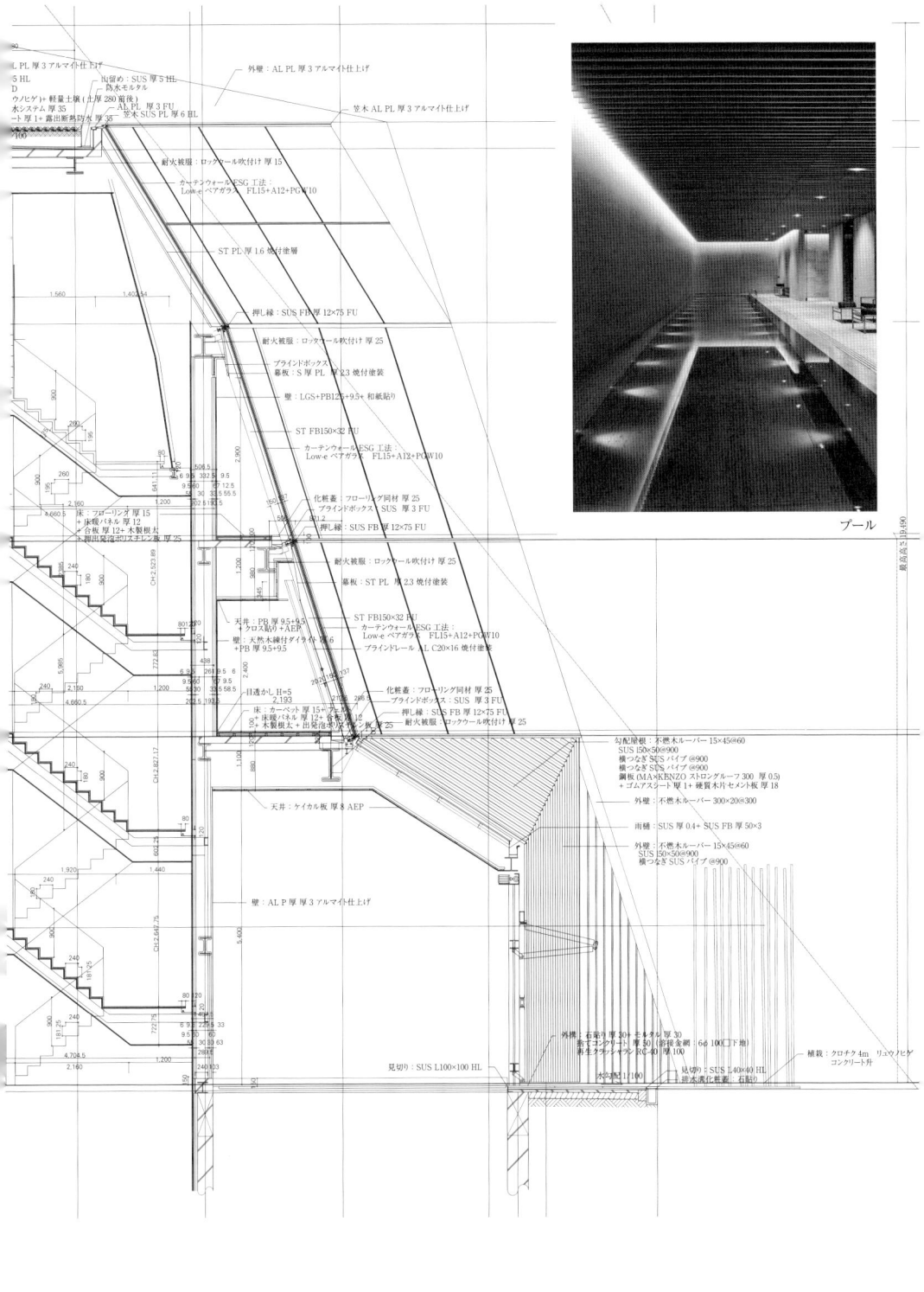

第6章 | 現代の和風について　　179

第7章 | 海外の住宅

Glass/Wood 2010年

隈　アメリカのコネチカット州に建つ住宅「**Glass/Wood**」(2010年)は、ある日突然、メールで設計依頼が来ました。場所は、フィリップ・ジョンソンの自邸「**Glass House**」(1949年)から約1km離れた森の中。クライアントは、その土地に建つジョンソンと同世代の建築家ジョン・ブラック・リーの自邸「**Lee House II**」(1956年)を買い、トシコ・モリが改修した状態で住んでいました。

—
——— 依頼は、増築だったのですか？
—

隈　そうです。とても興味深い条件だったので取り敢えず敷地を見に

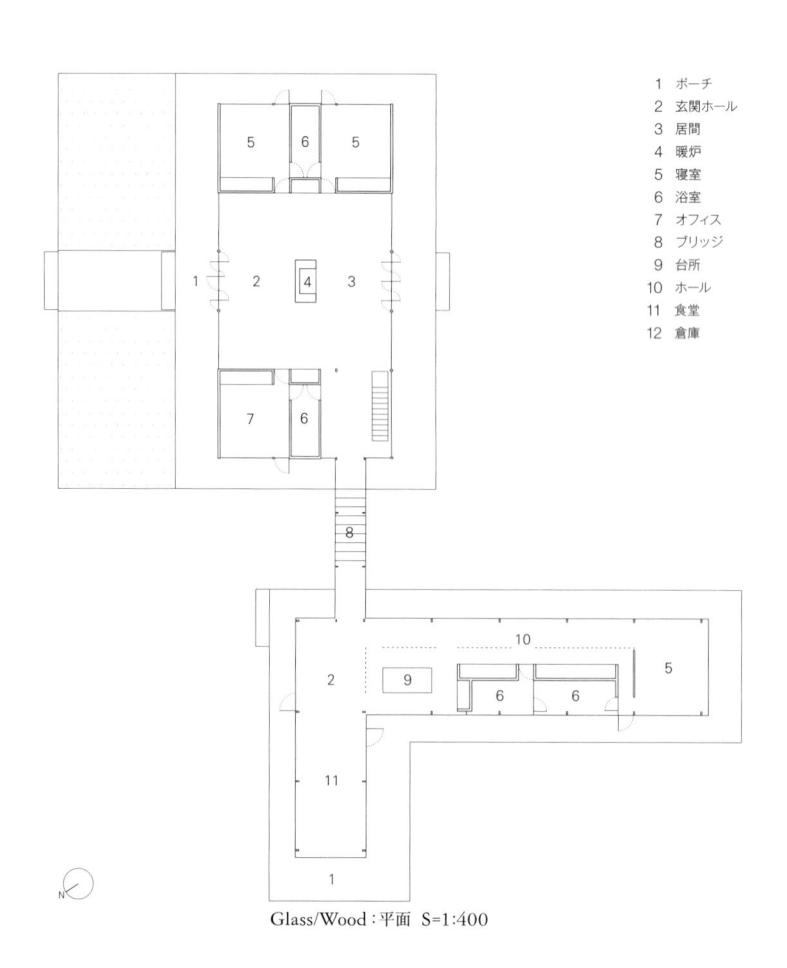

1　ポーチ
2　玄関ホール
3　居間
4　暖炉
5　寝室
6　浴室
7　オフィス
8　ブリッジ
9　台所
10　ホール
11　食堂
12　倉庫

Glass/Wood：平面　S=1:400

行こうとしていたら、大型ハリケーンによる倒木で「**Lee House II**」の一部が破壊されてしまう惨事に見舞われました。結果的に、既存棟にも大きく手を入れる必要が出てきたのです。

　その後、日を改めて現地を訪れてみると、思っていた以上に面白い条件でした。周囲との関係が希薄なインディペンデント型の「**Glass House**」に対して、この仕事は既存棟との関係を図らなければならない。しかも、敷地自体に勾配がついている拘束的な周辺環境なので、ぼくの得意とする「負ける建築」が実現できます。何れにしろ「**Glass House**」のそばで、ジョンソン世代とぼくたちの世代を対比したり、差異を示したりする絶好のチャンスだと思いました。

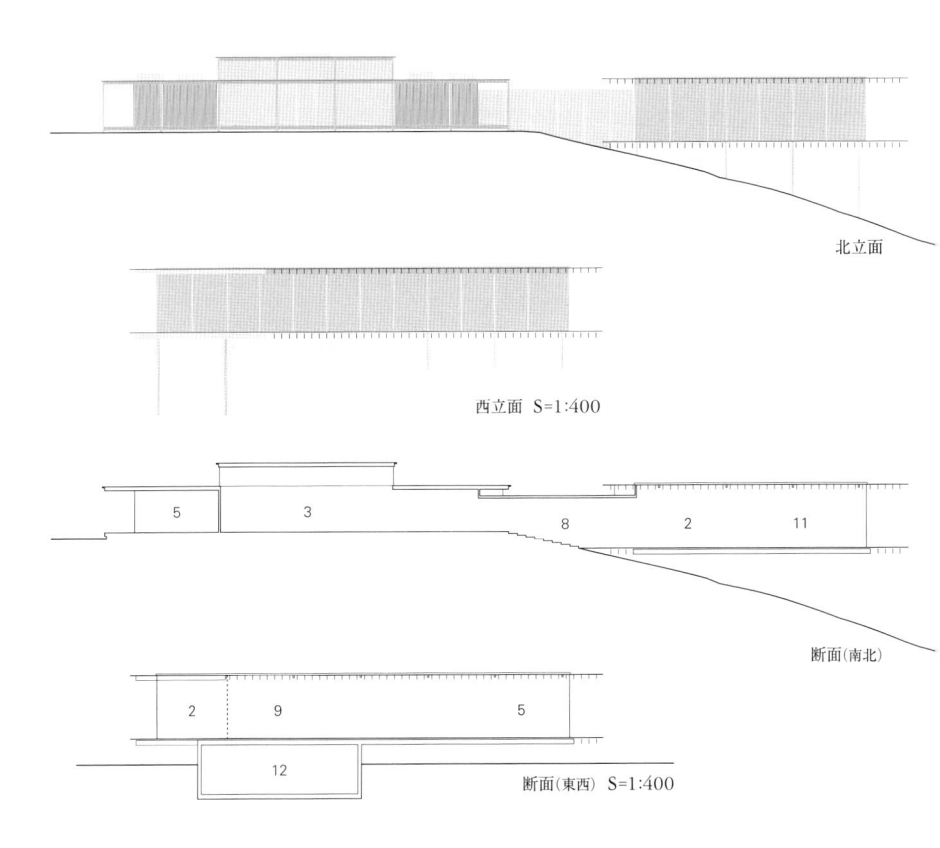

北立面

西立面 S=1:400

断面(南北)

断面(東西) S=1:400

第7章｜海外の住宅　　183

Glass/Wood：縁側。食堂方向を見る

東側のポーチ。右に既存母屋

───

───**「Great (Bamboo) Wall」**(2002年、p.018-)を除けば、実現した住宅の大半は日本国内に建っています。日本での手法が、コネチカットでも通用すると思ったのですか？

───

隈　「20世紀アメリカの住宅建築を表徴するエリアで、ぼくたちの手法を展開すると何が起こるのか？」を、徐々に自分でも見てみたくなっていました（笑）。例えば、雁行型配置を選択し、L字型ヴォリュームを増築したことも、そんな気持ちの顕れです。

　米国の現代建築家、例えばスティーヴン・ホールもL字型プランを使うけれど、形態的な興味をより強く感じます。一方、ぼくたちの手法では、L字型ヴォリュームによって生まれる入隅空間を上手く使いたいと考えているのです。

───

───「外から見たL字」と「中から見たL字」の違いですね。

───

隈　L字型ヴォリュームの内部体験は、「向かい合う面はたくさんあるけれど、どれも正面性がない」ことが特徴だと思います。しかも今回は、四角い既存棟に対してL字型増築棟を一つ接続するだけで、三つの入隅空間が生まれることも魅力でした。

───

───斜面との関係については？

───

隈　当然、増築棟を斜面に迫り出させた方が、L字型をより効果的に使えます。今回は、地面との接点を最小限にする極細の鉄骨柱で支えることで、木で構成されたL字型の水平面だけが斜面に浮遊する状態にしています。「垂直部材の存在を細い鉄骨で消し、木の水平部材を浮かせる」という組合せは、**「那珂川町 馬頭広重美術館」**(2000年)以降、培ってきたぼくたちの手法の延長です。

　構造原理主義に則ると、すべてを木で解いた方が純度が高いのかもしれないけれど……。より太くなる柱が主張し過ぎてしまい、ぼくたちが

考えているような「L字型空間における最良の透明性」が得られません。

———アメリカでも、日本と同じようなディテールが使えましたか？

Glass/Wood：二重の軒。構造用集成材による梁

隈　柱は鉄、水平材は木ジョイストという混構造自体、アメリカの住宅では特殊です。サッシュの精度で鉄骨を収めることができるファブを、日本で探すのも大変ですが……。それと同等のファブをアメリカで探すとなると、より難易度が高くなります。

　ただ、施主（=スーザン・ポーリッシュさん）が「Lee House II」に人生を捧げていると思えるほど、建築に情熱のある人だったので、業者探しも含めて「幾らでも時間が掛かっていい」と言ってくれたのが幸いしました。そんな時間の贅沢をフルに使って、ぼくたちが求めているクオリティを実現できるファブを見つけることができたのです。

　特に金属加工に関しては、「工業化社会のチャンピオン=アメリカ」の良質さが、まだ残っていることを実感できました。それは、既存棟の改修でトシコ・モリが加えた、ステンレス製アングルを組み合わせた柱にも伺えます。恐らく、日本でも実現するのが難しいくらいシャープな構造材です。

- T.O.BEAM
- HEADER

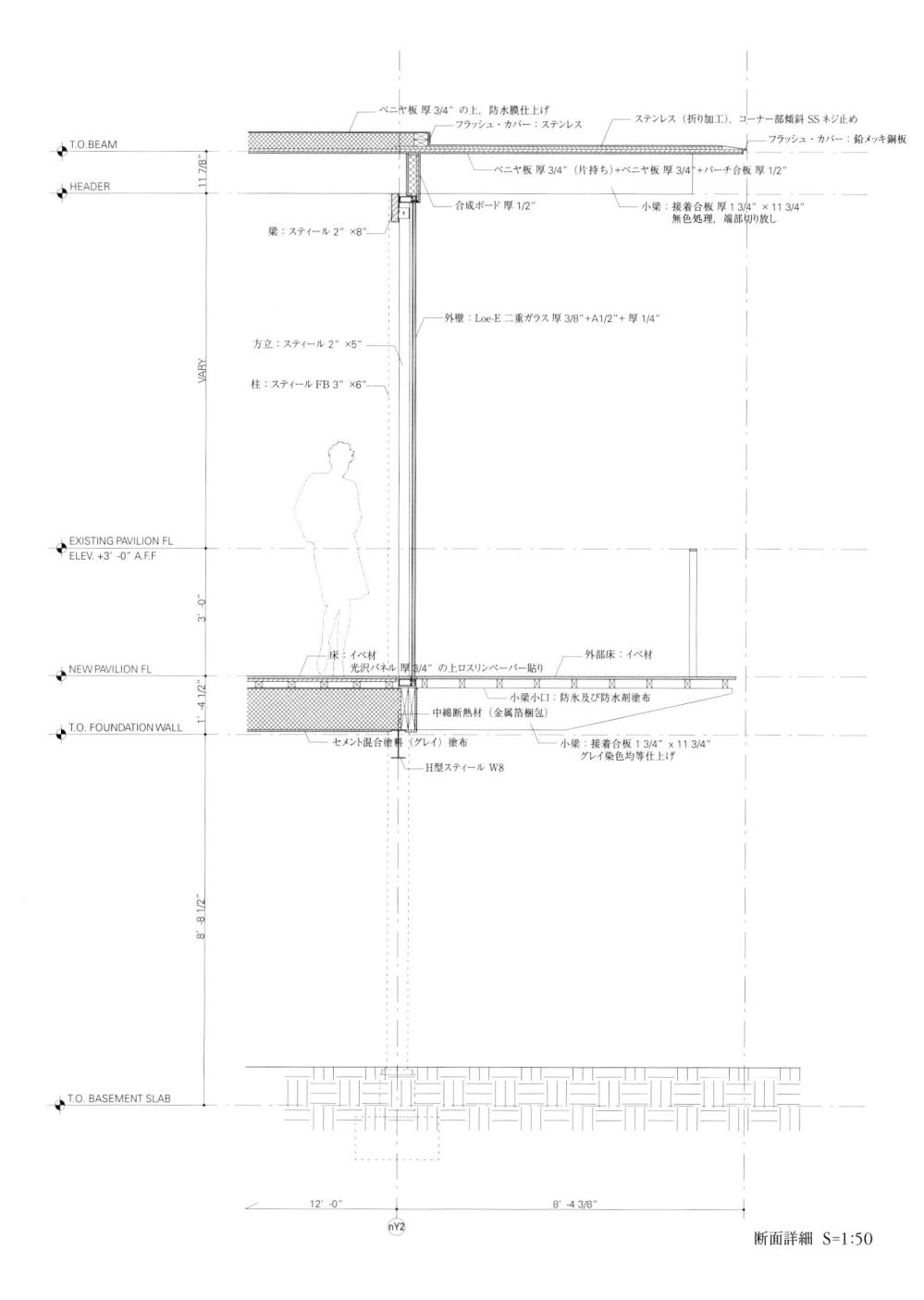

ベニヤ板 厚3/4″ の上、防水膜仕上げ
フラッシュ・カバー：ステンレス
ステンレス（折り加工），コーナー部傾斜 SS ネジ止め
フラッシュ・カバー：鉛メッキ鋼板
ベニヤ板 厚3/4″（片持ち）+ベニヤ板 厚3/4″+バーチ合板 厚1/2″
小梁：接着合板 厚 1 3/4″ × 11 3/4″ 無色処理、端部切り放し
合成ボード 厚 1/2″
梁：スティール 2″×8″
外壁：Loe-E 二重ガラス 厚 3/8″+A1/2″+厚 1/4″
方立：スティール 2″×5″
柱：スティール FB 3″×6″

VARY
11'7/8"

- EXISTING PAVILION FL ELEV. +3′-0″ A.F.F
- NEW PAVILION FL
- T.O. FOUNDATION WALL

3′-0″
1′-4 1/2″

床：イペ材
光沢パネル 厚3/4″ の上ロスリンペーパー貼り
外部床：イペ材
小梁小口：防水及び防水剤塗布
中綿断熱材（金属箔梱包）
小梁：接着合板 1 3/4″ × 11 3/4″ グレイ染色均等仕上げ
セメント混合塗料（グレイ）塗布
H型スティール W8

8′-8 1/2″

- T.O. BASEMENT SLAB

12′-0″　　8′-4 3/8″
nY2

断面詳細　S=1:50

第7章｜海外の住宅　　　　　　　　　　187

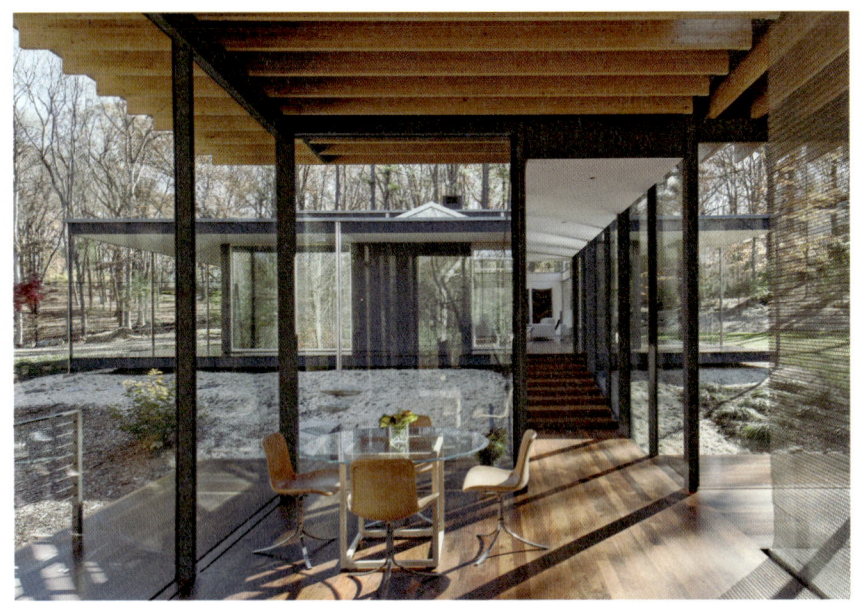

Glass/Wood：連結廊下。既存母屋を見る

台所。スティール・メッシュ越しに見る

既存母屋。居間と暖炉

増築棟の食堂

第7章 | 海外の住宅

───木に関しては？

隈　2×4を前提にしているので、日本の木造軸組の精度と比べるとラフさは否めません。だけど、ジョイスト(=1 3/4 inch×11 3/4 inch)を均等間隔に並べるくらいであれば、それなりの腕があるカーペンターがいるようです。

　そう言えば、増築棟の床と屋根、各々の面を構成するジョイストの端部処理を変えています。何故なら、二つの面が斜面から浮遊する表現になるので、床下を見上げる視点もあるからです。まず、上に載る面が主役の床は、ジョイストがあまり主張し過ぎないように、先端を斜めに切欠き、できるだけ小さな小口になるように処理しました。一方、屋根に関しては軒下が主役なので、垂直に切り落とされた小口が整然と並んだ状態を前面に出しています。

　そして、屋根面のジョイストがそのまま天井面に延長される内部空間は、メタル・メッシュのスクリーンで仕切られます。ジョンソンの「**Glass House**」で表現された「ガラス対コア」という二項対立の空間に対して、ぼくたちの「**Glass/Wood**」では、外側にできるだけ長い庇を出し、内側にもスクリーンを重層させることで、ガラスの内外にグラデーションが生じる構成にしたのです。

───日本での住宅は、傾斜屋根を掛ける場合が多い。「**Glass/Wood**」の屋根を、敢えてフラットルーフにした理由は？

隈　屋根に関しては、アメリカという異国の環境へ対応している内に、日本で培ってきた手法が変形されました。その理由を端的に言えば、「森の透明性の違い」への対応です。

　日本の森はもっと湿っているし、低い所も葉が茂っているので、不透明な感じがあるでしょ。でも、「**Glass/Wood**」が建つコネチカットの森は、幹だけが立ち並んでいる印象が強いのです。ある意味で、幾何学

的で硬質な透明性を感じる環境なので、勾配屋根を掛けてしまうと建物全体が不透明なマスとして強く主張し過ぎると判断しました。

「**Glass/Wood**」のように屋根を水平にしただけで、それもひとつの鋭利な透明エレメントとして空中に浮いてくるわけです。そうすれば、木々の幹と同質のエレメントとして、建物も森の中に融けてくれます。

———

――― 欧米のモダニズムにフラットルーフが多いのは、それなりに理由があったわけだと。

———

隈　少なくとも、「自然自体が持っている透明性」には、大きく影響されたと思います。

モダニズムは、理念としては自立性を主張し、自然との切断を謳っていたけれど……。実際に住宅をつくる段階になると、理念の範疇外で様々なジャッジメントをする必要があるわけです。その部分で、自然へのレスポンスをキチンとした結果が、フラットルーフに繋がったのでしょう。

モダニズムの理念が過去のモノとなり色褪せた現代でも、ジョンソンだけでなく、ル・コルビュジエやミース・ファン・デル・ローエの住宅が傑作として理解され続けているのは、きちんと自然に対してレスポンスしているからだと思う。

———

――― 自然とのレスポンスは、素材や色の選択にも影響するのでは？

———

隈　そうですね。例えば、既存棟の「**Lee House II**」は、ガラスで覆われた硬質な四角いボックスだったのですが、ぼくたちが外壁の一部を木ルーバーに換えました。21世紀初頭という時代に感じる、「自然の中で、少しでも環境に同調したい」という雰囲気を設計に反映した結果です。

さらに、今回の既存棟改修では、エッジの処理も変えました。トシコ・モリの仕事では、水平面を強調するべくフレーム・ワークのエッジを立たせるために、白く塗装していたのです。でも、ぼくたちはすべてのフレー

Jeju Ball (DB type: two stories) 2011年

DB type：西面

ムをチャコール・グレーに塗装し直して、エッジを曖昧にすることを試みました。

―

─── 欧米だけでなくアジアの国々でも、幾つかの住宅プロジェクトが進行しています。最近では、韓国済州島に立つ「**Jeju Ball**」(2012年)が竣工しました。

―

隈　「**Jeju Ball**」は、「**Glass/Wood**」と比べると、あらゆる部分で対称的なプロジェクトです。例えば、「**Glass/Wood**」が個人から依

頼された住宅だったのに対して、「**Jeju Ball**」は建て売りのVillaモノ。ロッテが開発しているリゾート地に、ぼくとドミニク・ペロー、そして地元の承孝相など5人の建築家が各々のブロックを割り当てられ、複数のVillaを設計するプロジェクトでした。

　ぼくは、Villaモノの設計をする場合、Villaモノ独特のイヤらしさを消したくなる。要するに、「成金のための高級建て売り」という性格を、なるべく弱めたいのです。

——

　———「万里の長城」近くに立つ「**Great (Bamboo) Wall**」

第7章｜海外の住宅　　　　　　　　　　　　　　　193

DA TYPE

DB TYPE

Jeju Ball：全体計画　S=1:1500

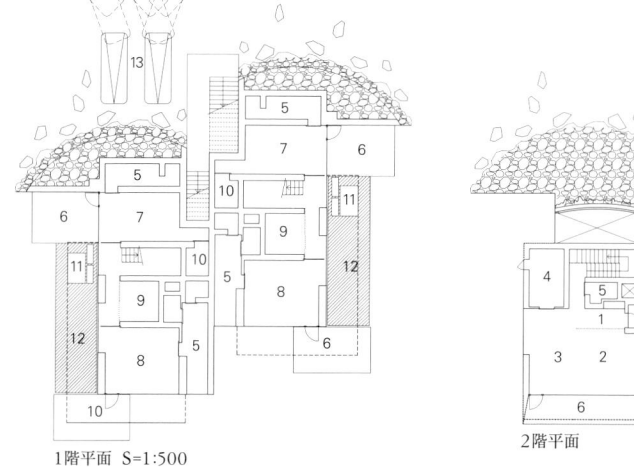

Jeju Ball (DB type)：南立面

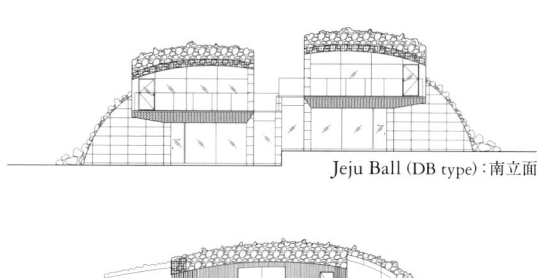

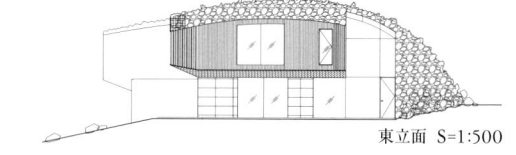

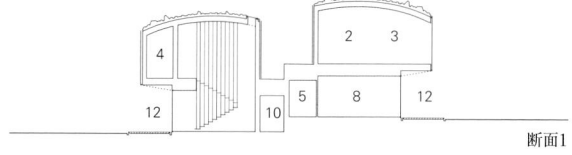

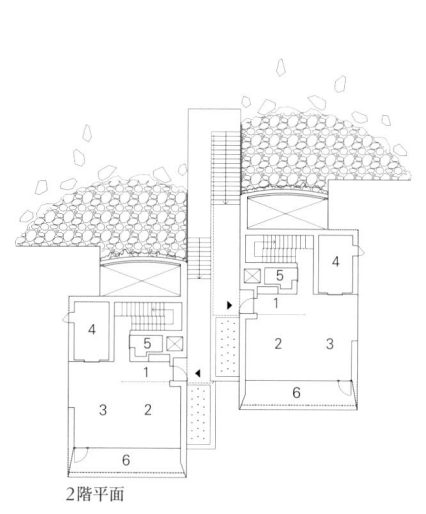

東立面 S=1:500

断面1

断面2 S=1:500

1 玄関
2 居間
3 食堂
4 台所
5 浴室
6 テラス／ポーチ
7 来客用寝室
8 寝室
9 茶室
10 物置
11 泡風呂
12 プール
13 駐車場

1階平面 S=1:500

2階平面

第7章｜海外の住宅

Jeju Ball (DB type)：南面

　　　　　　　　　も、Villaモノとしてスタートしたプロジェクトでした。
　　　　　　　　　　　—

隈　そうです。だからこそ、竹という直ぐにボロボロになる素材を敢えて使うことで、中国の新興成金たちのキャパを試した部分もあったのです。ところが、中国のお金持ちたちは「竹」という材料にとても興味を持ってくれたので、逆に彼らの懐の深さを証明する結果になりました。
　「**Jeju Ball**」の場合、済州島へ行く度に島内に球状に固まった溶岩がゴロゴロ転がっている風景が気になっていました。それで、「ここにVillaをつくるのであれば、あの溶岩を使いたい」と思ったのです。
　　　　　　　　　　　—
　　　　　　　　——済州島では、溶岩を建材として使っているのですか？
　　　　　　　　　　　—

隈　普通に使われていますが、ほとんどの場合はスライスして板材として使用しています。恐らく、球状の溶岩をそのまま使うことも難しいし、例え積み上げることができたとしてもメンテナンスが大変なのでしょう。

2階食堂より居間を見る。右は玄関

2階テラス。左は居間/食堂

第7章 | 海外の住宅

しかし、スライスしてしまうと、自然に風化した球状の溶岩が持っている「可愛らしさ」が失われてしまいます。ぼくたちは、何とか球状のままで使うことに拘りたいと考えていました。

　そこでまず、溶岩の「可愛らしさ」に触発されながら球の一部のような建物にし、全体を球状の溶岩で覆うことにしました。この操作は、Villa的なモノにありがちな「四角い建て売り」というイメージを払拭することにも繋がりますし、「動物的な巣への回帰」という住宅の原初的なイメージにも繋がると思います。

　ぼくが学生の頃、原広司さんに同行して北アフリカの集落を調査した時、丸い平面をした球状のシルエットの住居を良く見掛けました。そんな「地面の延長上にある動物の巣」とも思えるような住宅の面白さを、済州島の溶岩でも再現したかったのです。

―

───開口部は、どのように処理したのですか？

―

隈　リビングやダイニングに面する南側は、できるだけ大きな開口部にして、庇をつけたいと考えていました。ただし、溶岩で外壁を立ち上げ、その上に薄い庇を載せてしまうと、溶岩の重さが強調され過ぎてしまうし、庇も取って付けたようにワザとらしい表現になってしまいます。

　それを避けるために、「**Jeju Ball**」では庇も球状の溶岩でつくることにしました。最終的には、約70cm迫り出したステンレス製のメッシュの上に、球状の溶岩を載せています。そんなアクロバットなディテールによって、建物全体と庇の統合を図りました。

―

───「**Jeju Ball**」における球状の溶岩が集合するイメージは、「**KXK**」(2005年)というインスタレーションでの実験に似ていますね。

―

隈　「**KXK**」は、形状記憶合金でつくられた無数のリングとEVAシート(=直径2mmのヒモ状樹脂のからまり)が重なることで、球状のパヴィリオンをつくっていました。そのイメージを今風に言うと、「フラクタル」という

ことです。「KXK」の考え方を3Dで応用すれば、確かに「Jeju Ball」になります。

―――「Jeju Ball」で、韓国ならではのローカル・アイデンティティを意識した部分は？

隈　宿泊施設として機能するコテージ・タイプと建て売りされるヴィラ・タイプが14棟も集合すると、その風景はひとつの集落のような様相

KXK（2005年）

も呈してきます。そんな「Jeju Ball」の群棟が最も似ているのは、島の北部に多く分布する農地を囲った防風石垣です。直径約30cm〜50cmの玄武岩(=溶岩)を積み上げることで、農作物を強風から守っています。

　さらに、組積造に関しては、日本にはない伝統の積み重ねがあると感じました。石を積み上げていく際のある種の重さに対する意識が、圧倒的に高い。

　例えば、韓国の文化財に指定されている寺院を訪れると、組積造の壁に木架構の屋根を載せている建物を多く見かけます。日本の場合、石があったとしても「1階の床より下」という感じだけれど……。韓国では、「屋根より下」という感覚で石を使っている場合が多いので、何とも言え

第7章｜海外の住宅

Floating Cave 2010年〜

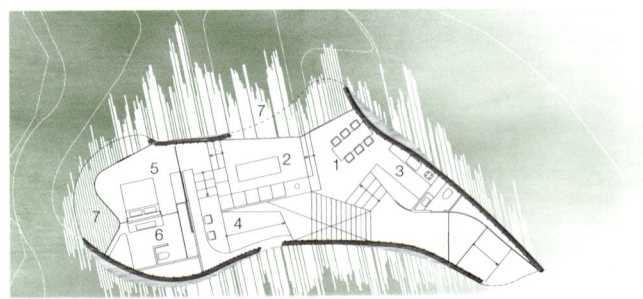

1階平面

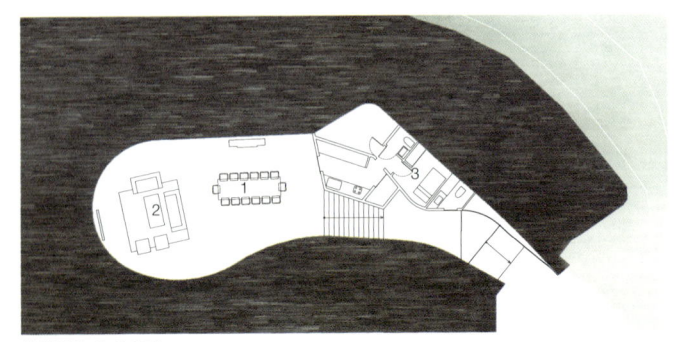

1 食堂
2 居間
3 台所
4 書斎
5 寝室
6 浴室
7 テラス

地階平面 S=1:500

Stone +RC t=250mm

bamboo t=60mm @600

slab

ground

ダイアグラム

南立面 S=1:500

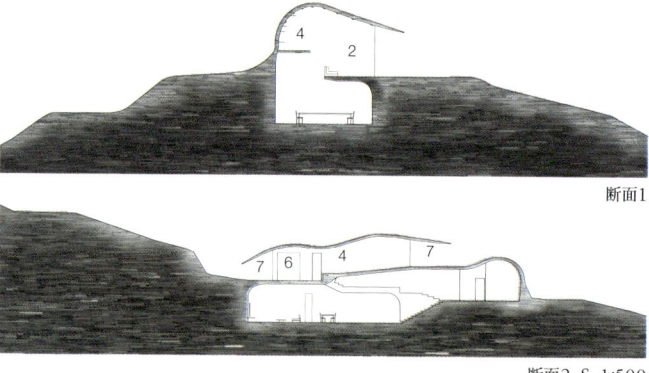

断面1

断面2 S=1:500

第7章｜海外の住宅　　　　　　　　　　　　　201

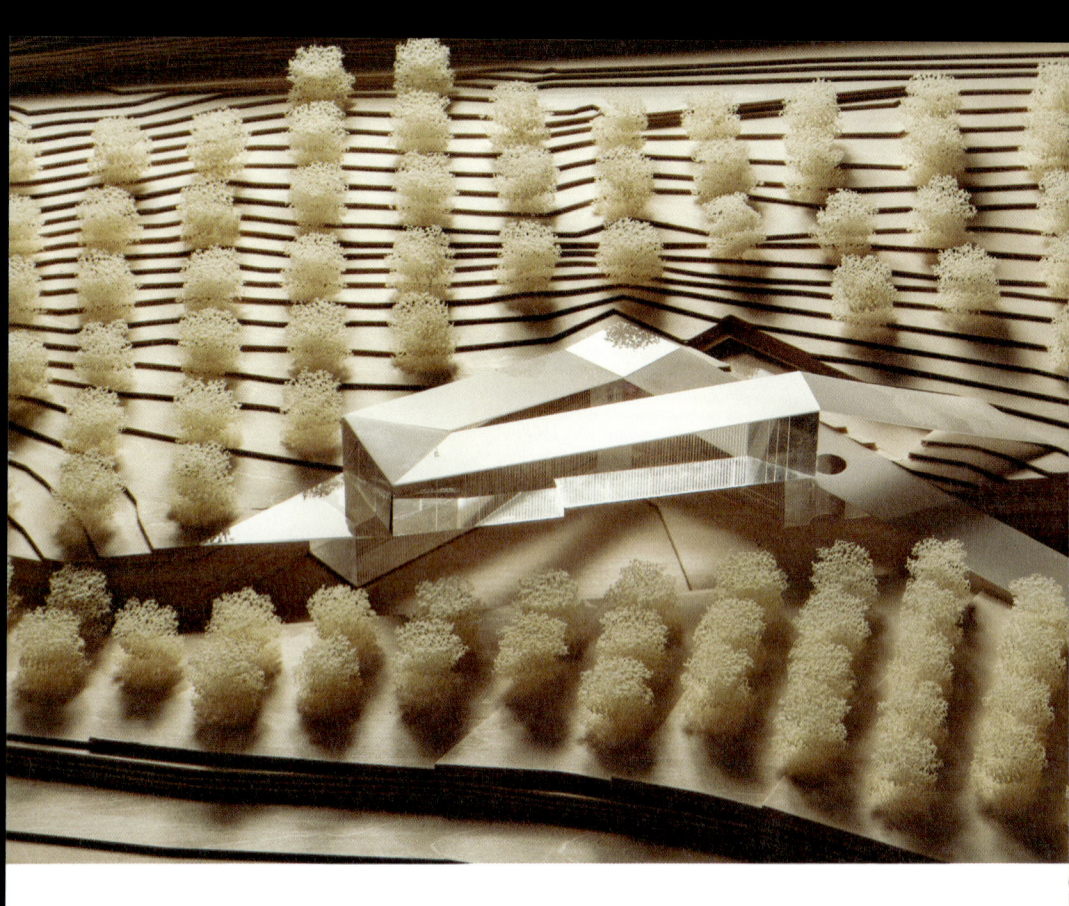

Chiva House 2011年〜

居間(右)と図書室(左)

1階平面

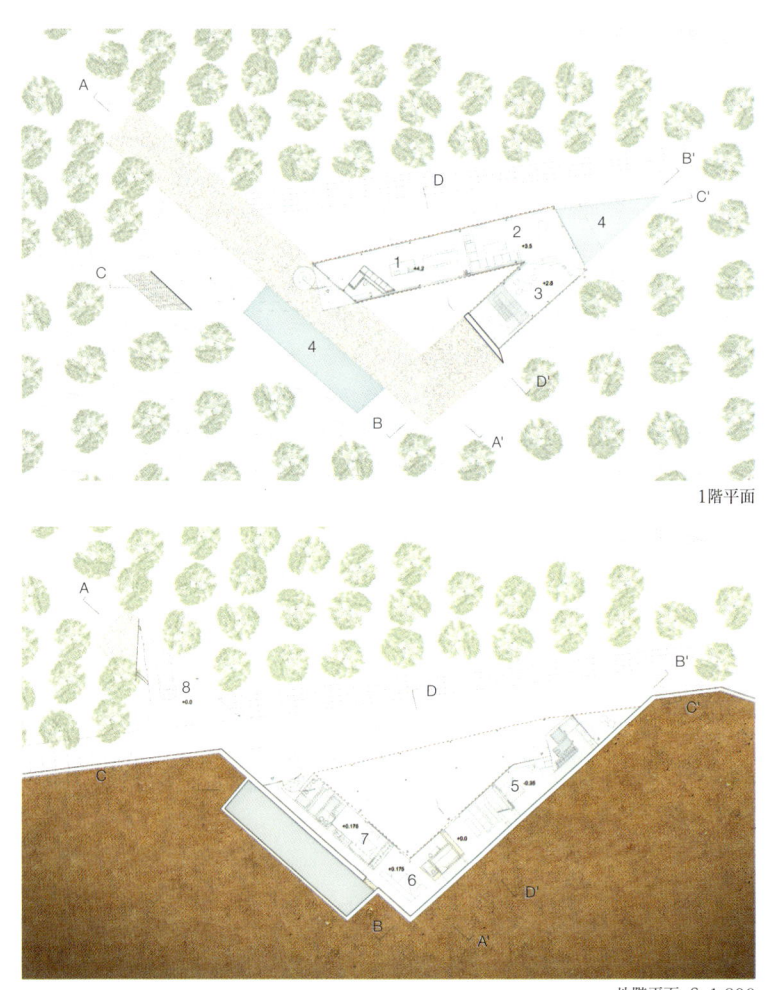

地階平面 S=1:800

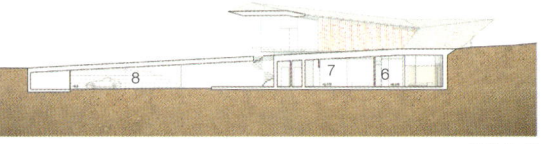

断面 A-A'

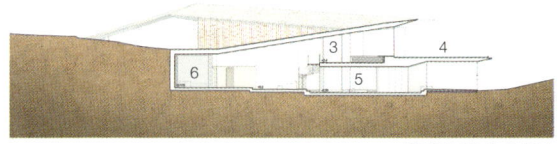

断面 B-B' S=1:800

1	食堂/台所
2	居間
3	ライブラリー
4	プール
5	主寝室
6	寝室
7	来客用寝室
8	駐車場

第7章｜海外の住宅　　　　　　　　　　203

Dune House 2012年〜

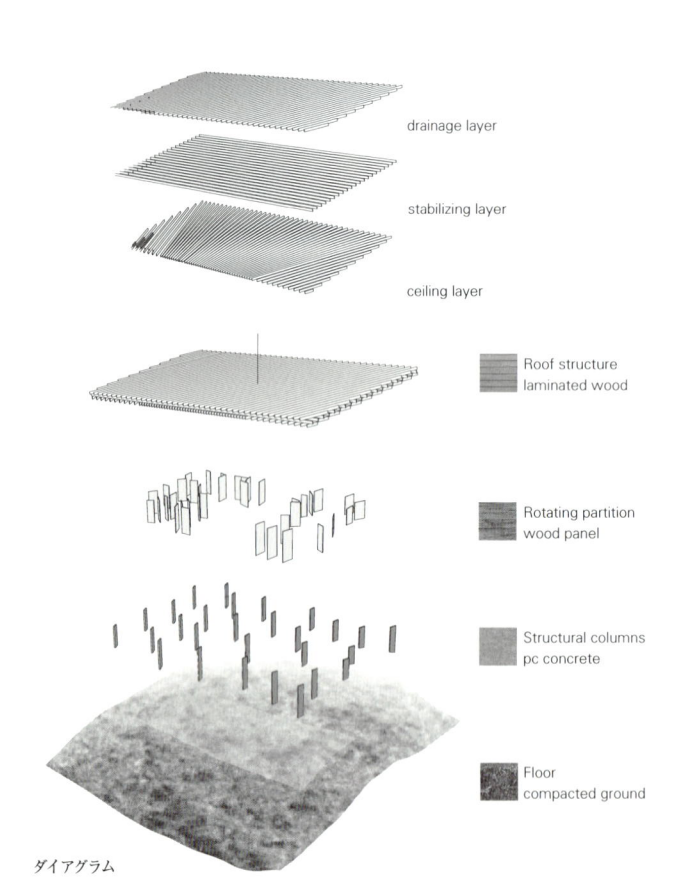

drainage layer

stabilizing layer

ceiling layer

Roof structure
laminated wood

Rotating partition
wood panel

Structural columns
pc concrete

Floor
compacted ground

ダイアグラム

内観

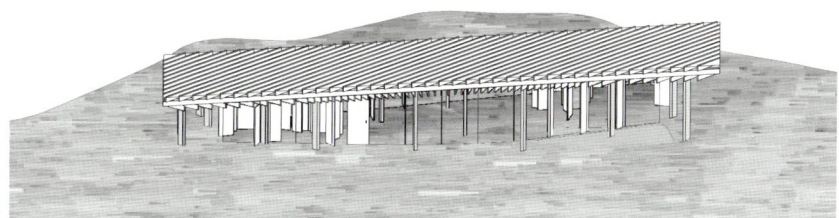

南立面 S=1:400

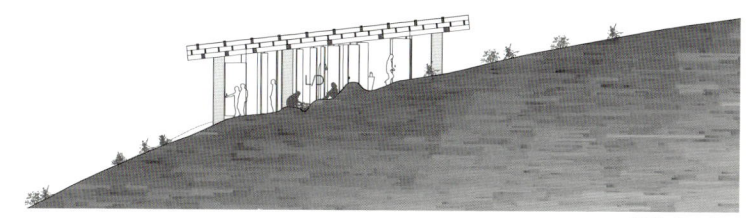

断面 S=1:400

第7章 | 海外の住宅

ない「重たいしぶとさ」を空間に感じるのです。そんな韓国独特の風土を鑑みると、「**Jeju Ball**」で球状の溶岩を使ったのは、自然に辿り着いた結論だったとも言えます。

―

―――一般的なリゾートの風景とは一線を画した表現になっています。

―

Jeju Ball （DA type: one story）2011年

隈　20世紀的な群れのつくり方は、クラスター・プランに象徴されるように、インフラに住宅をぶら下げるわけです。まるで、葡萄の房が蔓にぶら下がっているように……。でも、実際の生き物たちの群れは、個体同士が各々で距離を測り合うだけで成立しているものです。そこには、インフラなんて存在しません。

　「**Jeju Ball**」も、「球状の溶岩を使う」と決めた段階で溶岩同士の距離が決まり、それらが集積された住戸としての球の大きさも決まってきま

Jeju Ball (DA type)：夕景。南よりテラス越しに居間を見る

Jeju Ball (DA type)：居間。食堂を見る　　　　　　玄関より居間を見る。右は食堂

　した。植物の群落のように、材料を選択した途端に住戸間の関係も含めたすべてが自動的に決まる感じを、済州島で表現したつもりです。
　また、韓国の現代アート、例えば李禹煥の作品などを観ると、「無造作にモノを置いている」と感じることが多いのです。オブジェを制作したとしても、浮かせもしないし埋めもしないで、ただ無造作に置いてあるように思えます。
　例えば、日本庭園で石を用いる場合、「3分の2は埋めなさい」と言われるでしょ。半分以上を埋め地面と一体化させることで、残りの3分の1が海面を漂うような浮遊感が生まれると言います。そんな枯山水の庭に慣れ親しんだ目で見ると、韓国の石の扱いは「何もしていない」と思えるけれど……。その「何にもしてなさ加減」が、韓国の人たちにとっては自然な状態なんです。かえって石を埋めた表現にしてしまうと、「ワザとらしい」と感じられてしまうでしょう。
　韓国の伝統的な青磁や白磁を観ても、「何もしていない感じ」を突き詰めているところがあります。それは、ある種の「洗練に対する拒否」と

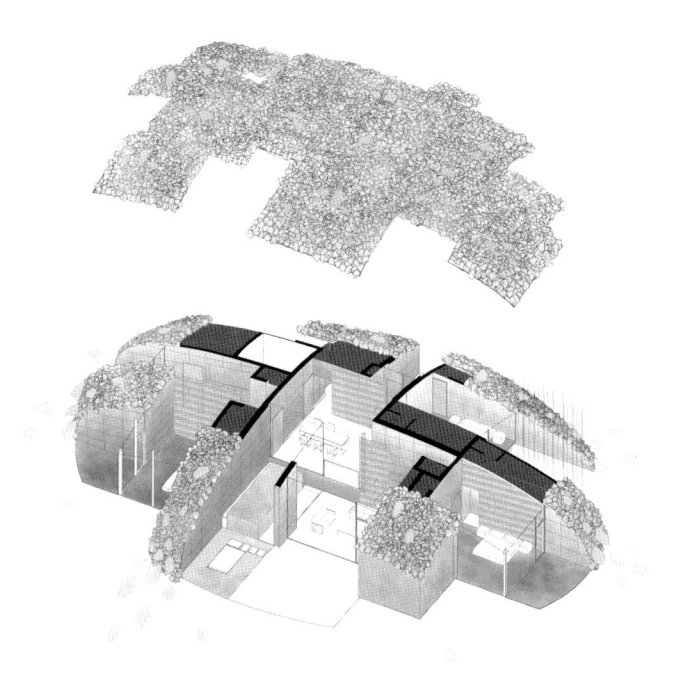

DA typeのアクソノメトリック

も感じられる。そんな韓国の人たちが持っている自然観、世界観は、日本人が持っているワザとらしさと違って、良い意味で即物性があると思います。最新のデジタル機器にではなく、自然の石コロの即物性に新しさを感じられるところが、韓国文化の本質ではないでしょうか。

「Jeju Ball」の内部空間も、球状の天井を木のメッシュで覆うことで、日本で実現した住宅にはない「無造作な感じ」が出ていると思います。それは、「遊牧民が石のある場所でゲルをつくらざるを得なくなった感じ」に近い(笑)。

日本の鎌倉時代に、モンゴルの遊牧民たちが朝鮮半島まで勢力を拡大した際、その突端で玄武岩しかない未開の孤島(=済州島)まで到達したのは史実です。その際に、「玄武岩を使ってゲルをつくってみよう」と考えた人がいたら、「Jeju Ball」のようなモノになっていたと思います(笑)。

通常、遊牧民のゲルは、メッシュ状に粗く編まれた壁の骨組と二本の芯柱を繋ぐように、放射状に広がる無数の梁を掛け渡し、羊の毛でつくったフエルトを被せることで成立しています。その内部は、「Jeju Ball」

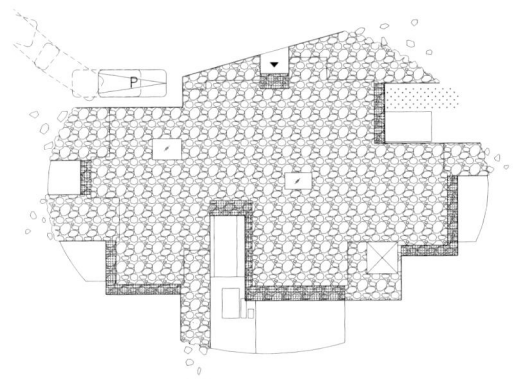

Jeju Ball (DA type)：屋根伏

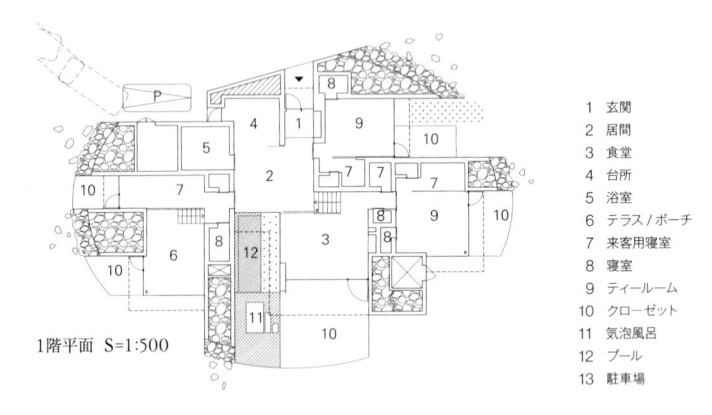

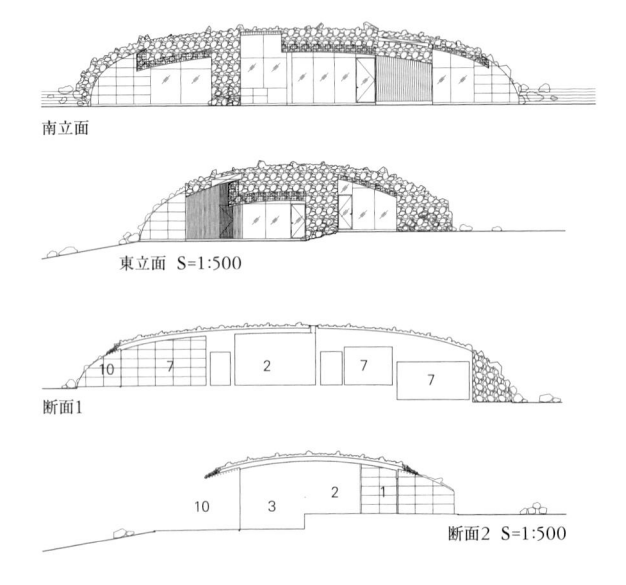

1階平面　S=1:500

1　玄関
2　居間
3　食堂
4　台所
5　浴室
6　テラス/ポーチ
7　来客用寝室
8　寝室
9　ティールーム
10　クローゼット
11　気泡風呂
12　プール
13　駐車場

南立面

東立面　S=1:500

断面1

断面2　S=1:500

と同様に、一種のドーム空間になっている。

───

───「Glass/Wood」のように、整然と並んだ木ジョイストによるフラットな天井とも対比的ですね。

───

隈 「Jeju Ball」では、球形天井をメッシュ状に編むために、12mm×40mmの角材を敢えて平使いしています。この即物的な対応も、ゲルに近い感覚だと思います。

　韓国に残る古い木造建築の軒組みを見ると、生木をそのまま使った垂木で支えている場合が多いです。良質な木材が育たない気象条件だけでなく、中国の木造建築にゲル的な要素が混合した結果ではないかと想像します。「Jeju Ball」の天井にも、無意識の内に同じ様な感覚が反映されたのかもしれません。設計を始めた頃は、「石でできたゲル」なんて思いもしなかったけれど……。球状の溶岩を選択し、空間を必要な機能に合わせて解いた結果、無意識的に「石でできたゲル」へ到達していたんですね。

───

───この章では、「Glass/Wood」と「Jeju Ball」、海外で実現した二つの最新住宅についてお話して頂きました。今の隈さんにとって、海外で住宅をつくることは、どんな意味を持っていますか？

───

隈 海外の住宅の設計は、「自分たちが築き上げてきた手法（それは、必ずしも日本的な手法に限定しなくていいけれど）が、自分たちの慣れ親しんだ場所以外のところで、どのように展開できるのか？」を確認する実験的な要素を帯びざるを得ない所が面白い。

───

─── 他のビルディング・タイプでも、海外プロジェクトでは実験的になるのでは？

───

隈 もちろん、その傾向はあるけれど、住宅は断然、実験性が強まり

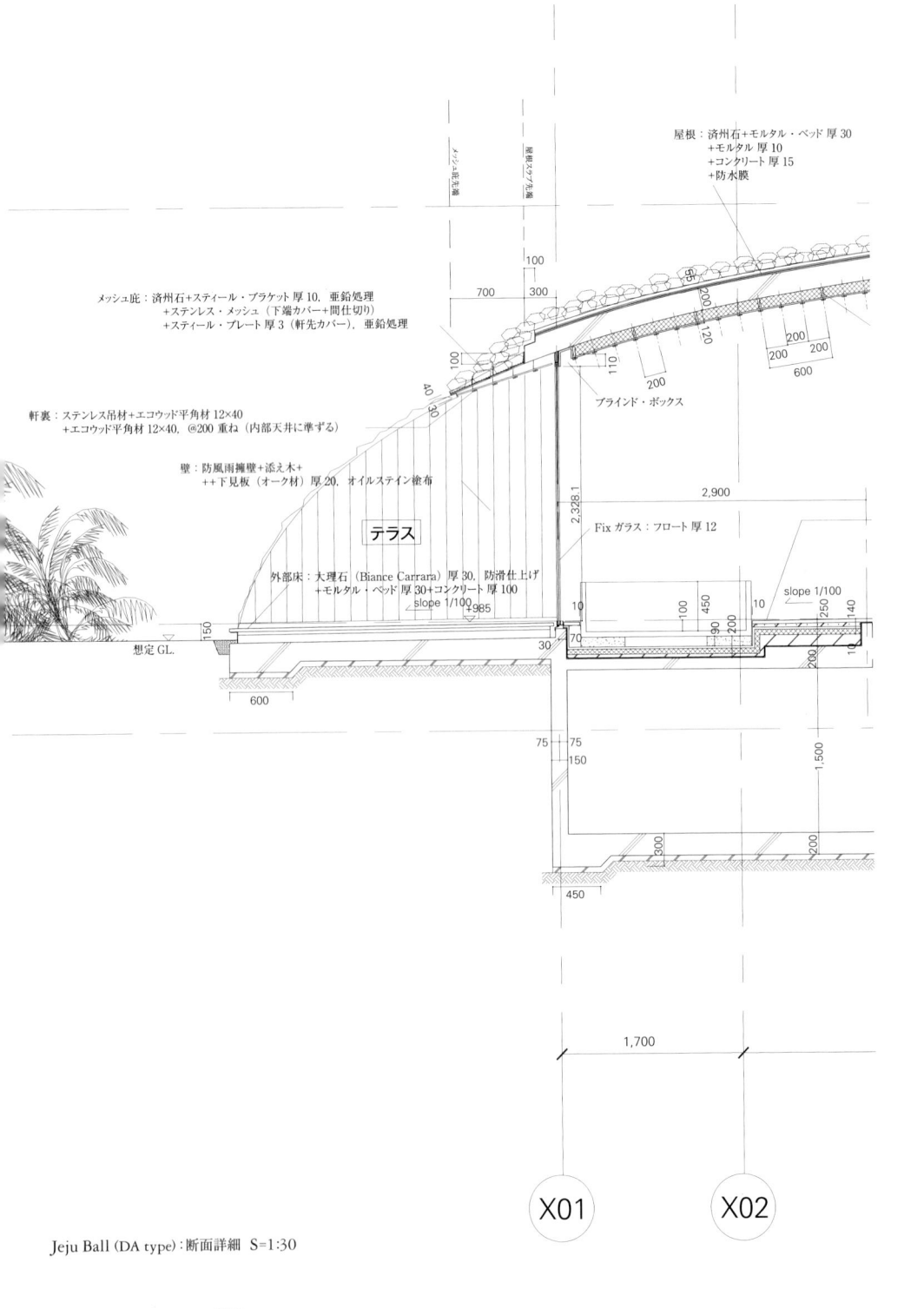

屋根：済州石+モルタル・ベッド 厚 30
+モルタル 厚 10
+コンクリート 厚 15
+防水膜

メッシュ庇：済州石+スティール・ブラケット 厚 10, 亜鉛処理
+ステンレス・メッシュ（下端カバー+間仕切り）
+スティール・プレート 厚 3（軒先カバー）, 亜鉛処理

軒裏：ステンレス吊材+エコウッド平角材 12×40
+エコウッド平角材 12×40, @200 重ね（内部天井に準ずる）

壁：防風雨擁壁+添え木+
++下見板（オーク材）厚 20, オイルステイン塗布

ブラインド・ボックス

テラス

Fix ガラス：フロート 厚 12

外部床：大理石（Bianca Carrara）厚 30, 防滑仕上げ
+モルタル・ベッド 厚 30+コンクリート 厚 100　slope 1/100

slope 1/100

想定 GL.

X01　X02

Jeju Ball (DA type)：断面詳細　S=1:30

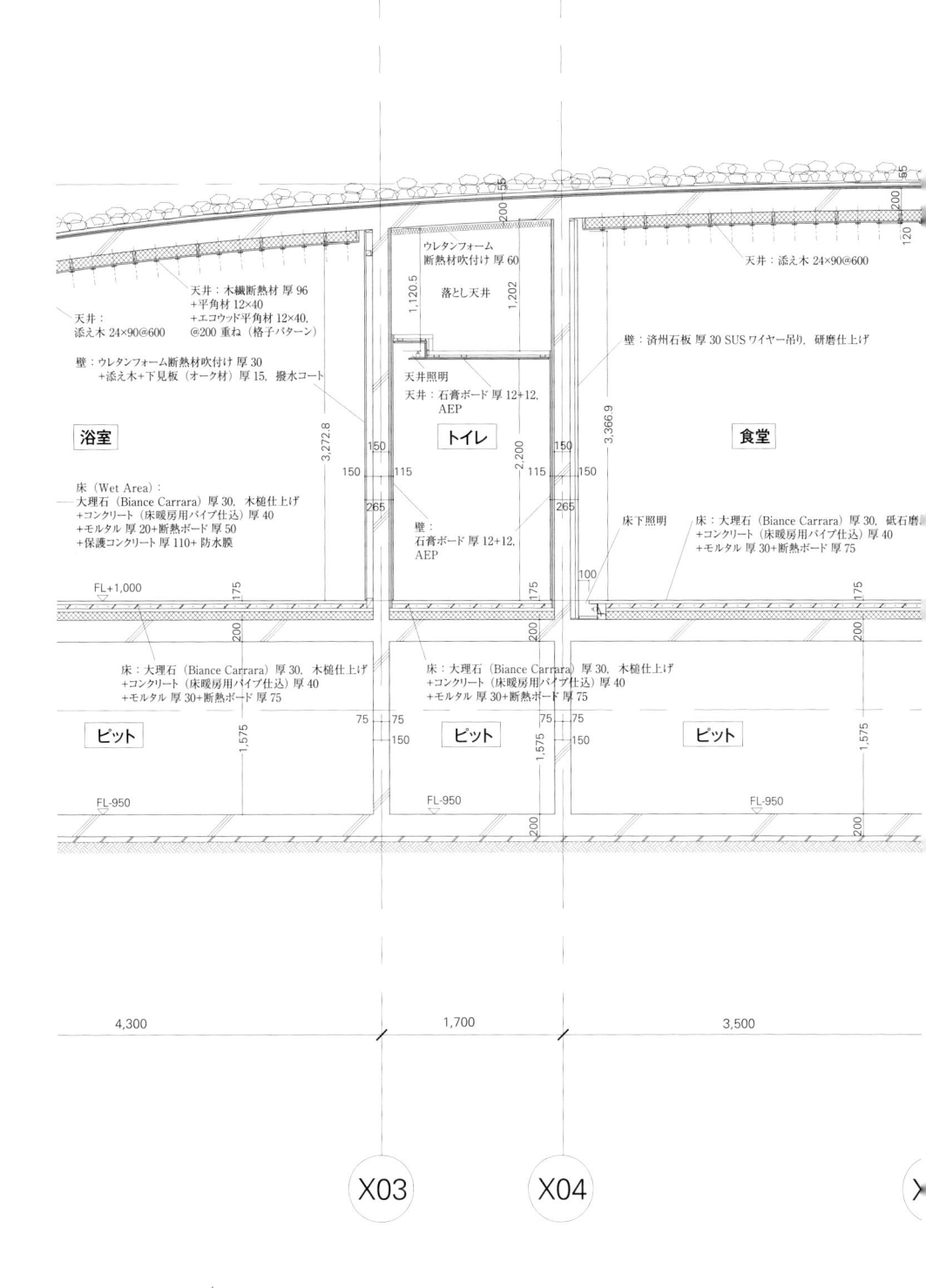

天井：木繊断熱材 厚 96
+平角材 12×40
+エコウッド平角材 12×40,
@200 重ね（格子パターン）

天井：
添え木 24×90@600

壁：ウレタンフォーム断熱材吹付け 厚 30
+添え木+下見板（オーク材）厚 15, 撥水コート

ウレタンフォーム
断熱材吹付け 厚 60

落とし天井

天井照明
天井：石膏ボード 厚 12+12,
AEP

天井：添え木 24×90@600

壁：済州石板 厚 30 SUS ワイヤー吊り, 研磨仕上げ

浴室

トイレ

食堂

壁：
石膏ボード 厚 12+12,
AEP

床下照明

床（Wet Area）：
大理石（Biance Carrara）厚 30, 木槌仕上げ
+コンクリート（床暖房用パイプ仕込）厚 40
+モルタル 厚 20+断熱ボード 厚 50
+保護コンクリート 厚 110+防水膜

床：大理石（Biance Carrara）厚 30, 木槌仕上げ
+コンクリート（床暖房用パイプ仕込）厚 40
+モルタル 厚 30+断熱ボード 厚 75

床：大理石（Biance Carrara）厚 30, 木槌仕上げ
+コンクリート（床暖房用パイプ仕込）厚 40
+モルタル 厚 30+断熱ボード 厚 75

床：大理石（Biance Carrara）厚 30, 砥石磨
+コンクリート（床暖房用パイプ仕込）厚 40
+モルタル 厚 30+断熱ボード 厚 75

FL+1,000

ピット   **ピット**   **ピット**

FL-950   FL-950   FL-950

4,300   1,700   3,500

X03   X04

第7章｜海外の住宅   213

| 500 | 40

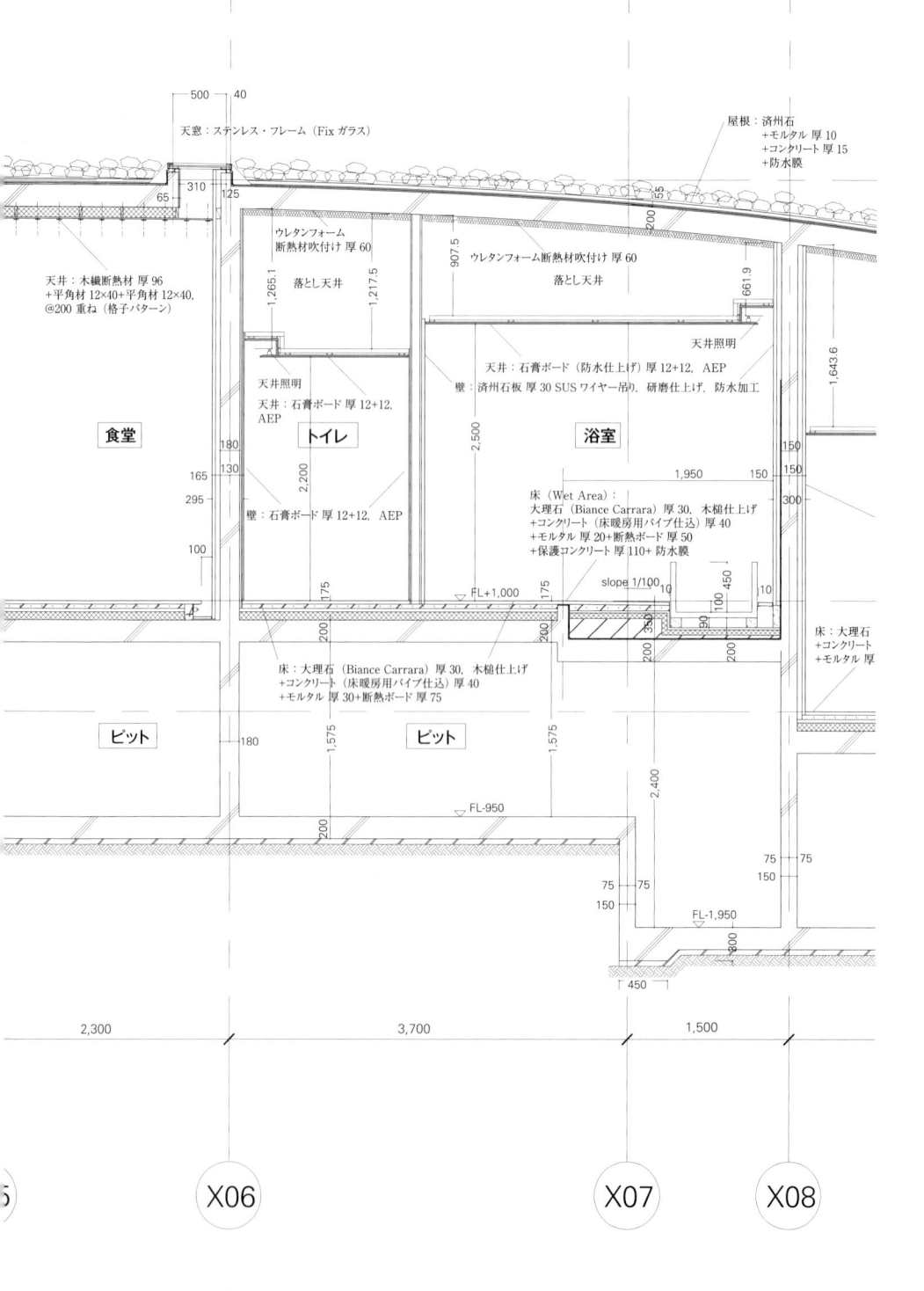

天窓：ステンレス・フレーム（Fix ガラス）

屋根：済州石
+モルタル 厚 10
+コンクリート 厚 15
+防水膜

天井：木繊断熱材 厚 96
+平角材 12×40+平角材 12×40，
@200 重ね（格子パターン）

ウレタンフォーム
断熱材吹付け 厚 60

ウレタンフォーム断熱材吹付け 厚 60

落とし天井

落とし天井

天井照明

天井：石膏ボード（防水仕上げ）厚 12+12，AEP
壁：済州石板 厚 30 SUS ワイヤー吊り，研磨仕上げ，防水加工

天井照明
天井：石膏ボード 厚 12+12，AEP

食堂　　**トイレ**　　**浴室**

壁：石膏ボード 厚 12+12，AEP

床（Wet Area）：
大理石（Biance Carrara）厚 30，木槌仕上げ
+コンクリート（床暖房用パイプ仕込）厚 40
+モルタル 厚 20+断熱ボード 厚 50
+保護コンクリート 厚 110+ 防水膜

slope 1/250

FL+1,000

床：大理石（Biance Carrara）厚 30，木槌仕上げ
+コンクリート（床暖房用パイプ仕込）厚 40
+モルタル 厚 30+断熱ボード 厚 75

床：大理石
+コンクリート
+モルタル 厚

ピット　　**ピット**

FL-950

FL-1,950

| 2,300 | 3,700 | 1,500 |

X06　　X07　　X08

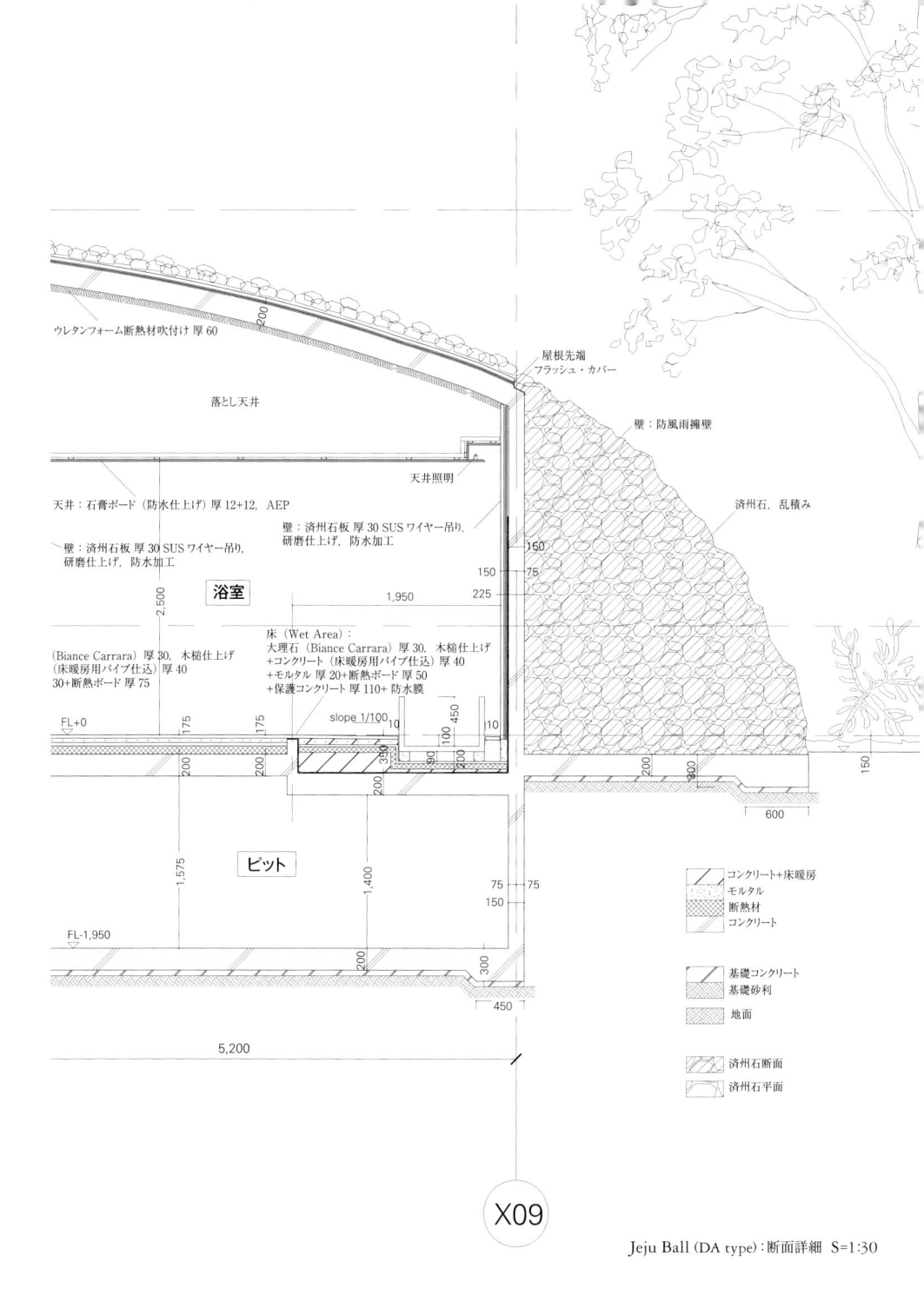

ウレタンフォーム断熱材吹付け 厚60

屋根先端
フラッシュ・カバー

落とし天井

壁：防風雨擁壁

天井照明

天井：石膏ボード（防水仕上げ）厚12+12, AEP

壁：済州石板 厚30 SUS ワイヤー吊り, 研磨仕上げ, 防水加工

済州石, 乱積み

壁：済州石板 厚30 SUS ワイヤー吊り, 研磨仕上げ, 防水加工

浴室

床 (Wet Area)：
大理石 (Biance Carrara) 厚30, 木槌仕上げ
+コンクリート（床暖房用パイプ仕込）厚40
+モルタル 厚20+断熱ボード 厚50
+保護コンクリート 厚110+防水膜

(Biance Carrara) 厚30, 木槌仕上げ
（床暖房用パイプ仕込）厚40
30+断熱ボード 厚75

slope 1/100

FL±0

ピット

FL-1,950

	コンクリート+床暖房
	モルタル
	断熱材
	コンクリート
	基礎コンクリート
	基礎砂利
	地面
	済州石断面
	済州石平面

X09

Jeju Ball (DA type)：断面詳細　S=1:30

第7章｜海外の住宅　　　　　　　　　　　215

ます。何故なら、公共建築の中での人々の振る舞い、例えばミュージアムでの振る舞いやコンサートホールでの振る舞いは、それほど場所によって違いがないから。

　一方で、住まいの中での振る舞いは、未だにお国柄や地域性を色濃く反映します。靴の脱履に始まり、食事の仕方やお風呂の入り方に至るまで、細かな差異が反映される。海外で住宅を設計する場合、必然的に各々の違いに対応せざるを得ないわけです。

　最近になって、この実験には大きく二つの意味があると考え始めました。ひとつは、与えられた環境に、どれだけアダプトできるか。もう一つは、そこでの生活に対して、どれだけアダプトできるか。ぼくたちは、それら二つの実験性を、かなりエンジョイして設計しているのです。

―

────クライアントは、そんな隈的実験を容易に受け入れてくれますか？

―

隈　ぼくに頼んでくる勇気ある海外のクライアントは、ある種の実験を自ら望んでいる気がします。もちろん、殆どの人が「日本的な生活像(=質素で不必要な家具を置かない)」というイメージを漠然と持っているけれど、完全にそれに染まり切れる自信もない。そういうライフスタイルと自分たちの生活の間の接点を求めて、ぼくに依頼してくるわけです。

　つまり、彼ら自身がぼくたちの実験に対して、最初からキャパ(=許容性)がある。「自分たちが、ある種の簡素さをどれだけ受け入れられるのか？」を自ら試してみようとする寛容な人たちが、必然的にクライアントになってくれています。

　実際、「**Glass/Wood**」のクライアントは、いまだにカーテンを掛けずに生活をしているようです。それくらいキャパが広い人と仕事をすると、面白い結果に結びつきますね。

―

────隈さん自身のキャパも、クライアントから試されるのでは？

―

隈　もちろん、そのような側面もあるでしょう。でも、ぼくの住宅の最大の特徴は、その場所や、そこで住む人間に応じて、パッと方向転換できることだと思っています。プロジェクトによっては、クライアントが拍子抜けする程、それまでの傾向から大きく逸脱した提案をする時もあるくらい(笑)。

　「人間は、こういう風に住まなければいけない」と隈流の哲学でクライアントを諭すことを想像している人が多いかもしれないけれど……。実際は、クライアントさえ心を開いてくれれば、躊躇なくぼく自身をドンドン初期化しています。それの繰り返しが、海外のプロジェクトでも「周辺環境への馴染み」を生み出しているのかもしれません。

―

———まるでiPS細胞のように、万能な対処法ですね。

―

隈　ぼくたちのスタディは、様々なメディアで発表されているiPS細胞発見の道程と同じように、既成のルールに拘らず、取り敢えずあらゆる与件を試してみる所があります。そんな偶然性を現場でも積み重ねないと、特に海外のプロジェクトでは適正解に辿り着けないと思います。

　偶然性に身を委ねることは、気楽な面もありますが……。実際には、クライアントや環境などの他者を本気で信用しないと、なかなか偶然性に寄り掛かれないものです。自分を信じている建築家は数多くいるでしょうが、ぼくのように「他者を信じる建築家」は割と少ない気がするな。

―

———それが、海外のプロジェクトを成功させる極意かもしれません。

―

隈　一見、乱雑な場所や破壊されているような場所、等々……。どんな条件を与えられたとしても、「そこをトコトン信じてみたら何ができるのか?」と、常に考えているわけです。

隈研吾 | 「住宅らしさ」とは何か？

一

聖なる城

一

住宅を設計するのは、かなりヤバイことだと思い込んでいた。ためらいがあった。なぜなら、個人住宅を設計するということ自体が、20世紀という時代に迎合することを意味するように感じたからである。

それぞれの時代に、その時代を代表する建築物が存在する。例えば、中世ヨーロッパを代表する建築物は、ゴシック様式の「カテドラル」であり、キリスト教を中心に動いていたその時代は、あの垂直性の強い建築様式でデザインされた教会に表象される。一方、古代ギリシャを代表する建築は、市民のための広場「アゴラ」であり、古代ローマを代表するのは、ローマ帝国拡張の手段でありシンボルでもあった「道」である。各時代ごとに、その時代の精神を表象し、その時代のエンジンとして体現する構築物が存在する。その構築物を見れば、時代の本質が透けて見える。20世紀でいえば、個人住宅がその時代を体現していた。

個人住宅は、どのようにして20世紀を支え、廻していたのだろうか。地縁、血縁から切断された20世紀の人々を救済する装置として、個人住宅は発明された。地縁、血縁が人間をしっかり拘束し、束ねていた時代には、「住宅」はあっても「個人住宅」はなかった。拘束から切断された人々は、「近代家族」という名の2人だけのさびしいカップルを構成し、個人住宅という小さな閉じた「城」を負わされて、「幸福」を手に入れたつもりになった。その無数の小さな「城」に分かれて住む居住形式が、最も多くの商品を消費し、最も大量のエネルギーを消費し、その意味で最も工業化社会に適した住み方、生き方であったのである。その大量消費の動

機として、「家族」という幻想が必要であり、「家族の城」を所有したいという熱情が要請されたのである。

　この大量消費社会の構図に便乗にして、世界に広まった建築様式がモダニズムだったと指摘したのは、ビアトリス・コロミーナである。モダニズム建築とは、社会主義的な革命的建築ではなく、工業化社会、すなわち大量消費社会に便乗した、消費のための「聖なる城」だったとコロミーナは指摘した。ル・コルビュジエの「サヴォア邸」(1931年)と、ミース・ファン・デル・ローエの「バルセロナ・パヴィリオン」(1929年)の二つを、その工業化社会の「聖なる城」の代表例だと喝破した。二つの「聖なる城」は、共にピロティや基壇によって大地から切断され、地縁、血縁から切り離された「自由」な「近代家族」を象徴する「モニュメント＝商品(コモディティ)」だったというわけである。

　この「聖なる城」が、20世紀を代表する建築のビルディングタイプであったということは、建築家をめざす血気盛んな若者たちも一様に、この「聖なる城」に魅せられたということに他ならない。若者も「聖なる城」に熱狂した。さもなければ、いかにその「聖なる城」の経済効果が高かろうと、それが時代を表象するビルディングタイプとはならないのである。ぼくらの学生時代も、学生たちが最も興味を持っていたのは「個人住宅」であり、1970年代当時はコンクリート打放しの「ゲリラ住宅」が人気の中心であった。その意味で、「聖なる城」を夢見て消費に励んだ20世紀の郊外主婦も、アバンギャルド建築をめざしていた20世紀の建築学生たちも、一つのカサの下の「時代の子」だったということである。

　ぼくだけはなぜか、学生時代から、この「聖なる城」に対してさめていた。批判的だった。自分の生まれ育った家が、第二次大戦前に建てら

れた木造の小さな家で、20世紀郊外流の大地から切断された白く輝く「聖なる城」とはほど遠い、古くさくてボロいものであったのが一番の理由である。

とはいっても、いざ社会にでて建築設計をなりわいとしようとすると、個人住宅の設計か、小さなインテリアの仕事くらいしか依頼されないわけだから、「はて、この現実の中で、自分が〈聖なる城〉に対して、いかなるスタンスで臨めばいいのだろうか?」と思い悩んだ。「聖なる城」を否定して、その先に何があるのか、まったく見えなかった。

―

家族をテーマにしない住宅

―

幸いにというべきか、ぼくのところに最初にやってきた仕事は、20世紀を表象する郊外住宅ではなく、20世紀からはぐれた、ちょっと変わり者のクライアントが週末に使う別荘というか、小屋であった。彼らは夫婦のようでありながら、そうでもなく、その意味で、まず20世紀の「近代家族」からは随分と逸脱していた。

20世紀的構図に対する鋭い批判者として、ぼくが尊敬するセドリック・プライスは、「個人住宅の依頼を受けたならば、まず最初にすべきことは、〈ご夫婦、早くお別れになった方がよろしいのでは……〉とアドバイスすることだ」と学生たちに教えていたそうである。「ハッピーな〈近代家族〉を前提にしている限りは、いい住宅はできない」ということを、彼らしい逆説で語ったわけである。ぼくの前にあらわれるクライアントは、こちらが「別れなさい」とアドバイスする前から、「近代家族」を逸脱している

人が結構多くて、ぼくはそういう20世紀を逸脱したクライアントに会うと、とても嬉しくなるのである。

　最初のクライアントに、伊豆半島の海岸沿いの敷地に連れて行かれた時のことは、今でも忘れない。敷地を一通り見た後で、岩だらけの海岸からお湯が噴き出してできた天然の露天風呂の前で突如車が止められた。「ここで一風呂浴びましょう」といわれ、車のトランクの中につまったバスタオルを1枚手渡された。そして一言、「脱衣場みたいな小屋をつくって欲しいんです」と。家族の結束の象徴でも、団欒でも、子育ての理想の環境でもなくて、「せっかく温泉が出る敷地だから、大きな脱衣場で、たっぷりお酒が飲める空間をつくって欲しい」というスッ飛んだ「設計与件」であった。

　近代家族、あるいは家族ということをテーマとせずに住宅を設計することが、この「伊豆の風呂小屋」(1988年)と名づけられた「脱衣場プロジェクト」以降も続く、ぼくの一貫した住宅設計に対するスタンスとなったのである。では、「家族」のかわりに何がテーマなのだろうか。なぜ、住宅をわざわざ、今という時代に設計する必要があるのだろうか。

　それは、「住宅的なるもの」の本質を追求したいからである。20世紀において資本主義に要請されて、奇形的な形態で保存された「家族」という気味の悪いシステムに依存せずに、住宅を設計すること。「家族」というフィクションに寄りかからないで、住宅を設計すること。「家族」というフィクションに寄りかからないからこそ見えてくる「住宅的なるもの」を捜し続けることが、ぼくの住宅設計に対する基本的な方法論となった。正確にいえば、ここで「住宅設計に対する」という限定をつける必要はない。住宅設計に限らず、オフィスの設計においても、あるいは美術館や

庁舎のような公共的性格の強いビルディングタイプの設計においても、ぼくは一貫して、「住宅的なるもの」の追求をめざしている。それは、住宅は住宅らしく、オフィスはオフィスらしく、商業施設は商業施設らしくといった形で、ビルディングタイプごとに「らしさ」を追求し、「建築商品」としてのわかりやすさや差別化を追及した、20世紀の商品的な建築のあり方に対する批判でもある。すべての建築が住宅的であるべきなのである。住宅のように柔らかくて、ぐずぐずと曖昧であるべきなのである。

―

「住宅らしさ」の本質

―

建築における「住宅らしさ」の本質が、最初から見えていたわけではない。見えて、わかっていたならば、個人住宅の設計という普通の建築設計の何倍もの手間がかかる作業、苦労を通じて、それを捜し求めるなどという面倒くさいプロセスを経る必要はなかった。30年もその面倒くさい作業を続けながら、やっとのことで、今になって「住宅らしさ」の本質が見えてきたというのが、ぼくの率直な実感なのである。

　「住宅らしさ」とは何か。まず一つは、建築とその建つ場所とがつながっている感じである。これは、20世紀の工業化社会の建築のチャンピオンであったコルビュジエやミースが、ピロティや基壇などの操作を通じて、個人住宅を大地から切断された「商品」にしようとしたやり方の逆である。写真で見る限り、コルビュジエもミースもまったく逆だと考えてきた。ところが、彼らが実際に設計したものを現地に足を運んで詳細に観察してみると、少し別の見方も芽生えてきた。彼らは、口ではインターナ

ショナリズム、グローバリズムといった、20世紀流大量生産、大量消費社会好みの威勢のいいキャッチコピーを唱えているのだが、実際に住宅を設計する段になると、ピロティも基壇も、場所との切断のための仕掛けというよりは、場所と建築とを上手に接続するための装置として、スケール、ディテール、素材ともきめ細かくデザインされているのである。実際にプロジェクトごとにピロティも基壇のデザインもまったく異なり、建築を囲むトータルな環境として、それぞれが実にシームレスで快適に扱われているのである。

そこにこそ、二人の巨匠が「建築の巨匠」であって、「プロパガンダの巨匠」ではなかった理由がある。建築、特に住宅は、「実際に足を運んで周りを歩きまわってみない限りは、何もわからないものだ」と感銘を受けて、二人を改めて尊敬した。

ぼく自身をふり返ってみても、最初の頃は、建築をむやみに土で覆って緑化して、周りの「場所」と接続しようという短絡的傾向が強かった。しかしある時、建築を埋蔵する方法が、必ずしも場所との接続を意味しないことに気づいてから、その後のぼくの建築は、ずっと自由になった。埋めれば「住宅的」になるわけではないことに、気がついた。建築と場所をつなぐやり方は一つでなく、多様であると気づいた時から、自分の建築は変わった。

例えば、アメリカ・コネチカット州ニューキャナンの、フィリップ・ジョンソンの自邸「Glass House」(1949年)近くの敷地に設計したスーザン邸「Glass/Wood」(2010年)では、敷地との接続方法について、モダニズムにおける場所と建築との関係性について、様々に思いをめぐらせた。建物自体を緑化する方法は、まずこの軽やかな森の中では不自然に感じられ

た。とすれば、勾配屋根をつけるという方法もある。勾配屋根は、四角い箱を地面とつなげるため、なじませるための手法の一つである。地面へと傾斜する斜めの面を使って、箱と地面をつなげる手法である。実際、20世紀後半、ポストモダニズムと呼ばれたムーブメントでは、20世紀のモダニズム建築批判の重要な武器として、そして「住宅らしさ」を生み出すためのヴォキャブラリーとして、勾配屋根が多用された。

　しかし、勾配屋根は、建築に求心性をもたらし、建築と場所とを再び切断する危険性をもあわせもっている。屋根の二面性の問題を考える時、ぼくが思い出すのは、20世紀のイギリスの建築史家、ジョン・サマーソンによる古典主義建築とゴシック建築の類似性に対する鋭い指摘である。モダニズム登場以前の、19世紀建築界の最大の争点は、ギリシャ・ローマ風の古典主義様式を採用するか、中世を支配したゴシック様式を採用するかであった。古典主義／ゴシックの優劣、正当性を巡る議論であった。その大テーマに対し、サマーソンは、英国的ウィットに満ちた語り口でいとも軽やかに、「古典主義とゴシックとは、家型(切妻屋根型)を形態生成のベースとしている点で、対立する建築様式と呼ぶより、むしろ類似した建築様式と捉えるべきである」といい切ってしまったのである。確かに、ゴシック建築の中にも、家型は多用されている。冷静に比較すれば、古典主義における家型の祖型は、ギリシャ、アクロポリスの「パルテノン神殿」に代表されるように、どちらかといえば建築の求心性、モニュメンタリティを高めて建築を突出させ、環境から切断する。

　一方、ゴシックでは、家型は低層部において多く用いられ、建築と地面とを家型によってつなぐことで、逆に上層部の透明性、飛翔感を高めている場合が多い。「家型=場所と建築を接続する手法」と、単純に図式

化できないのである。「ピロティ=場所と建築との切断=住宅らしさの否定」と単純化できないのと同様である。ピロティが、時として建築と場所を切断せず、逆につないでしまうように、家型もまた、どちらにも転がる両義的手法なのである。

　「住宅らしさ」とは、様式とか時代を超えたより微妙な概念であり、それぞれの建築をその場所場所で検証してみない限りは何ともいえないということが、次第に見えてきた。「住宅らしさ」とは、「結局のところ、その場所に行ってみなくては判らない」という、大胆な結論が見えてきてしまった。ロバート・ヴェンチューリの最大の失敗は、その一言をいわなかったことにあると、ぼくは考える。「家型を使えば、どこでも建築を住宅化できる」と彼は考えた。しかし、家型こそがワナなのである。家型は建築を住宅化することもあるし、住宅から遠ざけることもある。家型を信じると、とんでもない目に会う。

　話を、ニューキャナンの「Glass/Wood」に戻す。勾配屋根をつけると、すなわち家型にすると、建築はかえってこの軽やかな森の中に突出し、森と切断されてしまうように感じられた。森の樹木の枝のように、リニアで軽やかな細いエレメントが空中で浮遊している状態こそが、ニューキャナンの森の中での建築と場所との接続法なのである。そのために、屋根は消えなくてはならない。重たいヴォリュームを形成する勾配屋根ではなく、リニアな浮遊物体と化すフラットルーフがふさわしく、床もまたピロティで持ち上げられて、枝のように森に融ける必要があった。ただ、屋根や床をフラットにして森の中に浮遊させるだけでは、枝の細く繊細な質感に比べて、まだ厚すぎて重すぎる。屋根も床もそれぞれ、面を支持する木製のジョイスト（小梁）に分解されることによって、森の中に溶け込

ませていく解法をとった。

　この例のように、「住宅らしさ」を具体的な作品の中で追求しようとすると、様式とか時代区分といった、歴史家的手法がまったく役に立たないことに、次々と気づかされた。「住宅らしさ」とは、様式とも時代とも関係なく、場所場所で固有に出現するのである。

ヴィラ・ロトンダ

しばしば、ぼくの頭に究極の住宅としてよみがえるのは、アンドレア・パラディオの設計した「ヴィラ・ロトンダ」(1591年)である。パラディオの作品群の中でも、最も求心性が高く、純粋性の高い古典主義建築の傑作と呼ばれるこの作品には、なぜか古典主義とは不釣合いの不思議な扁平な屋根が載っている。ローカルな瓦で葺いたライズの低い、おとなしくかわいらしい屋根である。

　パラディオは、そもそもこのような屋根をデザインしたわけではない。彼が晩年まとめあげた『建築四書』(1570年)に掲載されたドローイングは、彼が実現したかった、ドーム状のライズの高い屋根が描いてある。『建築四書』は、写真がなかった時代ならではの非常に興味深い作品集で、パラディオが実現したかった形で、すべての作品に「修正」が加えられている。図面通りのものが実際に建っているだろうと期待して現地を訪れた人は、しばしば絶句した。「ロトンダ」の前で、多くの人が唖然とした。「なんて、田舎くさい、やぼったい屋根が載っているんだ！」と。しかしぼくは、このライズの低い瓦葺きの屋根ゆえに、「ロトンダ」は傑作たり

えたと考える。

　この田舎くさい屋根が載ったいきさつについては、諸説がある。「ロトンダ」の完成前に、クライアントもパラディオも亡くなってしまったからだという説。パラディオの弟子のスカモッツィが、師の遺志をついで完成させた。では、スカモッツィはなぜ、『建築四書』のドローイングどおりに施工しなかったのだろうか。コストがオーバーしたからという説と、原案だと雨漏りが心配だったからという説があるが、どちらの理由も根本的には同一である。半球ドームという「純粋な幾何学を実現したい」という、建築家の抽象的な思考方法が、現実という圧倒的で、どうしようもないものの力の前に敗れたのである。そのようにして、人間は住宅を発見する。パラディオでさえ、現実の前に敗北したのである。

　現実はさまざまな形で、ひとりよがりで抽象的、「脳(ブレイン)的」な建築家の思考と対立し、最終的に、長期的に、現実はいつでも勝利をおさめる。それは、少しも悲しむべきことではない。そのようにして、建築は最終的に「住宅らしさ」を獲得するのである。「ロトンダ」は、予算と雨漏りのおかげで真の「住宅らしさ」を獲得し、それ故にこそ、建築史に永遠に記録されるべき、傑作となったのである。あのライズの低い瓦葺きの田舎くさい屋根があったからこそ、「ロトンダ」は歴史に残った。

　建築は、現実とかいう圧倒的存在と対峙して闘い続け、実のところは圧倒され、負け続けている。建築は、現実に勝てたことはない。なぜなら現実という場所以外に、建てる場所がないからである。しかし、ある社会システムが偶然うまく機能している時、人は現実というものの怖さを一瞬忘れてしまう。脳が、現実を無視して暴走する。しかし、社会から戻った時、すなわち、システムの外部に放り出されて自分と向き合った

時、人は現実というものの怖さに直面する。その時、弱くもろい人間を守るにふさわしい、やさしさ、やわらかさ、貧しさを人はその家という場所に求めるのである。かくして「家」は、住宅的なものとなる。

　それゆえ、エコロジーやエコノミーという単語は共に、ギリシャ語で家をあらわすオイコスを起源とするのである。アリストテレスは『政治学』の中で、オイコス(家)の集合体が村であり、村の集合体がポリスであるとした。家から離れて、上位の集合体になるほど、システムが人と現実との間に介在し、人は現実を忘れる。自分の弱さを忘れてしまうというのが、アリストテレスの指摘である。

　家は人を正気にする。人に現実を思い起こさせる。アリストテレスの説の面白さは、オイコスを夫婦、親子、奴隷の集合体としていることである。20世紀の「家=近代家族」という定義では、奴隷が抜け落ちる。夫婦の愛情という観念的で「美しい」ものにフォーカスがいって、現実と対峙するリアルな最小単位という、「家」の本来の性格が忘れられてしまった。かくして、20世紀に「家」は消滅したのである。

―
小さな単位
―

では、具体的に建築における「住宅らしさ」とは、どんなものであろうか。「ロトンダ」の屋根は、それを説明する最良の実例である。まずそこには、人間の身体という小さく弱いものと、建築というしかたなく大きくなってしまうものとをつなぐ、瓦という小さくつつましい単位が存在する。瓦やレンガや木の棒のような、人間一人でハンドルできる小さなエレメントを

通じて、人間と建築とはスムーズにつながれるのである。「ロトンダ」の屋根は、パラディオの案では球形の一つの塊であるが、目の前にあるスカモッツィの屋根では、球形という幾何学が消えて、瓦という小さな粒が語りかけてくる。人間と建築とが、瓦によってつながれる。その結果、大きかったはずの建築が、小さく、やさしく、かわいらしく感じられる。

しかも、この瓦の端部は、地元の民家の屋根のような、さりげない切りっ放しのディテールでおさめられ、結果として地元で焼かれた瓦の薄っぺらさ、安っぽさが、見事にこちら側の身体へと伝わってくるのである。薄いからこそ、この弱い身体でも、手に負えるように感じられる。

繰り返すが、これは「ロトンダ」批判ではなく、「ロトンダ」賛美なのである。「ロトンダ」がいかに住宅的で、やさしい建築であるかの賛美なのである。パラディオがイギリスで人気があり、多くのイギリスのカントリー・ハウスの手本となったのも、このスカモッツィの屋根に寄るところが大きいとぼくは考える。「ロトンダ」には、純粋で高尚な幾何学があるが、同時にそこには、その場所、環境と溶け込む、素朴な田舎らしさが同時に備わっているのである。イギリス人は、このような素朴さを愛するがゆえにパラディオにひかれ、「ロトンダ」の田舎くささを見本とした。

―

新しい強さ

―

小ささと薄さは、ぼくが住宅に住宅らしさを与えるための、基本的な方策となっている。例えば、最初の住宅である「伊豆の風呂小屋」では、薄く安い亜鉛メッキの波板で外壁はつくられている。亜鉛メッキの薄い鉄板

でつくられた屋根の端部は切りっ放しで収められ、その波板の頼りないほどの薄さがこちら側の身体に伝わる素朴なディテールである。

「Plastic House」(2002年)でも、FRPパネルの薄さ、弱さをいかに伝えるかが、ディテール決定の基準になっている。FRPは、工業製品であるにもかかわらず、和紙のように薄く、弱く、見事に美しくエイジングして色が変わっていくからこそ、住宅に相応しいと考えた。

『建築十書』を著したローマのウィトルウィウスは、「強・用・美」の獲得を建築の三つの基準とした。基本において、ぼくも「強・用・美」の重要性に同意する。しかし、「何が強いか」について、ぼくらはウィトルウィウスが考えていた強さとは違う局面に踏み出している。今日における建築の強さとは、環境と対峙する堅さではなく、環境に対応するやわらかさ、しなやかさなのである。3.11後に、この変化は決定的となった。いかに強いコンクリートの構造物も、環境への配慮なく、自然への恐れなく海際に建てられたとしたら、自然という圧倒的な力の前ではまったく無力であり、まったく弱かった。逆に、木造のあばら屋であっても、環境への観察と配慮の上にたてられたものは、きわめて強く、したたかであった。

このような、新しい強さが求められているのである。「住宅らしさ」とは、この新しい強さの別名である。その「住宅らしさ」を捜すために、ぼくは住宅を設計する。住宅の設計を通じて、その考えを捜し続ける。そこで手に入れた「住宅らしさ」を拡張し、建築のすべてを住宅化し、住宅で覆いつくすために。

(了)

p.010-

1987-88
伊豆の風呂小屋

設計：1987.08.-88.02.
工事：1988.02.-88.07.
施工：中沢工務店
構造：木造
規模：地上2階
敷地面積：355.92 m²
建築面積：70.63 m²
延床面積：93.23 m²

p.014-

1992-95
水/ガラス

設計：1992.07.-94.03.
工事：1994.03.-95.03.
構造設計：中田捷夫研究室
設備設計：川口設備研究所
施工：竹中工務店
構造：鉄骨造,鉄筋コンクリート造
規模：地上3階
敷地面積：1,281.21 m²
建築面積：568.89 m² | 延床面積：1,125.19 m²

1996-99
森/スラット

設計：1996.09.-97.12.
工事：1998.04.-99.03.
構造設計：中田捷夫研究室
設備設計：きんでん
施工：井上工業
構造：鉄筋コンクリート造,木造
規模：地上3階
敷地面積：806.23 m²
建築面積：303.33 m² | 延床面積：585.97 m²

1998-2000
高柳町 陽の楽屋

設計：1998.02.-99.07.
工事：1999.11.-2000.04.
構造設計：中田捷夫研究室
設備設計：森村設計
施工：永井工務店
和紙製作：小林康夫
構造：木造
規模：地上2階

p.030-

建築面積：86.71 m² ｜ 延床面積：87.88 m²

2000-02
Great (Bamboo) Wall

設計：2000.12.-01.04.
工事：2001.04.-02.04.
構造設計：中田捷夫研究室
設備設計・施工：
Beijing Third Dwelling Architectural Engineering Company
構造：鉄筋コンクリート造, 一部鉄骨造
規模：地上1階, 地下1階
敷地面積：1,931.57 m²

p.018-

建築面積：719.18 m² ｜ 延床面積：528.25 m²

2000-02
Plastic House

設計：2000.08.-01.08.
工事：2001.11.-02.05.
構造設計：KAJIMA DESIGN
施工：鹿島建設東京支店
構造：鉄骨造
規模：地上2階, 地下1階
敷地面積：151.30 m²
建築面積：83.34 m²

p.036-

延床面積：172.75 m²

2001-03
森/床

設計：2001.10.-02.02.
工事：2002.03.-03.04.
構造設計：牧野構造計画
設備設計：森村設計
施工：丸山工務店
構造：鉄骨造, 鉄骨鉄筋コンクリート造
規模：地上2階
敷地面積：897.53 m²
建築面積：138.28 m² | 延床面積：123.86 m²

p.116-

2003-05
ロータス・ハウス

設計：2003.07.-04.04.
工事：2004.06.-05.06.
構造設計：オーク構造設計
設備設計：森村設計
施工：松下産業
構造：鉄骨造, 鉄筋コンクリート造
規模：地上2階
敷地面積：2,300.66 m²
建築面積：533.00 m² | 延床面積：530.27 m²

p.056-

2004-06
Y Hütte

設計：2004.12.-05.07.
工事：2005.10.-06.03.
構造設計：江尻建築構造設計事務所
設備設計：森村設計
施工：第一建設
構造：木造
規模：地上2階
敷地面積：1,127.8 m²
建築面積：73.37 m² | 延床面積：90.51 m²

p.120-

2004-07
鉄の家

設計：2004.09.-06.04.
工事：2006.05.-07.03.
構造設計：江尻建築構造設計事務所
設備設計：森村設計
施工：アイガー産業
構造：鉄筋コンクリート造, 鉄骨造
規模：地上3階, 地下1階
敷地面積：202.71 m²
建築面積：113.13 m² ｜ 延床面積：265.12 m²

p.050-

2005-07
Yien East

設計：2005.09.-06.07.
工事：2006.08.-07.10.
構造設計：オーク構造設計
設備設計：森村設計
施工：大成建設
構造：鉄骨造(母屋), 木造(離れ)
規模：地上1階
敷地面積：1,609.97 m²
建築面積：490.89 m² ｜ 延床面積：394.15 m²

p.156-

2006-08
Wood/Berg

設計：2006.01.-07.05.
工事：2007.06.-08.10.
構造設計：オーク構造設計
設備設計：森村設計
施工：大成建設
構造：鉄骨造, 一部鉄筋コンクリート造
規模：地上5階, 地下2階
敷地面積：452.65 m²
建築面積：266.98 m² ｜ 延床面積：1,422.31 m²

p.172-

2006-10
Glass/Wood

設計：2006.02.-08.05. | 工事：2007.04.-10.06.
構造設計：牧野構造計画(基本設計),
The Di Salvo Ericson Groupe(実施設計)
設備設計：Kohler Ronan, LCC
Local Architect：Gregory T. Waugh, 勝野一起
施工：Prutting & Company Custom Builders, LCC(既存棟),
The Oeluca Construction Co.(アネックス)
構造：木造(既存棟),鉄骨造(アネックス) | 規模：地上1階,地下1階
敷地面積：10,000 m² | 建築面積：600 m² | 延床面積：830 m²

p.180-

2007-12
Water/Cherry

設計：2007.04.-08.08.
工事：2008.09.-12.02.
構造設計：牧野構造計画
設備設計：環境エンジニアリング
施工：大成建設
構造：鉄骨造,一部鉄筋コンクリート造
規模：地上2階,地下1階
敷地面積：5,372.55 m²
建築面積：595.47 m² | 延床面積：755.12 m²

p.148-

2008-10
Bamboo/Fiber

設計：2008.08.-09.04.
工事：2009.05.-10.05.
構造設計：江尻建築構造設計事務所
設備設計：森村設計
施工：まつもとコーポレーション
構造：木造
規模：地上2階

2008-11
Lake House

設計：2008.10.-09.10.
工事：2010.03.-11.01.
構造設計：オーク構造設計
設備設計：森村設計
施工：大成建設
構造：鉄筋コンクリート造
規模：地上2階,地下1階
敷地面積：533.69 m²
建築面積：262.71 m² | 延床面積：503.22 m²

p.098-

2009-10
Stone Roof

設計：2009.01.-09.11.
工事：2009.12.-10.11.
構造設計：森部康司研究室
設備設計：環境エンジニアリング
施工：北野建設
構造：鉄骨造,一部鉄筋コンクリート造
規模：地上2階,地下1階
敷地面積：2,565.71 m²
建築面積：311.34 m² | 延床面積：499.76 m²

p.106-

2009-11
Mesh/Earth

設計：2009.11.-10.06.
工事：2010.07.-11.02.
構造設計：オーノJAPAN
設備設計：環境エンジニアリング
施工：松井建設
構造：鉄骨造
規模：地上3階
敷地面積：158.11 m²
建築面積：60.03 m² | 延床面積：182.82 m²

p.070-

住宅作品リスト 1988-2012　　　　　　　　　　237

2009-12
実験住宅 Méme

設計：2009.03.-10.10.
工事：2010.11.-12.06.
構造設計：森部康司(昭和女子大学)
設備設計：
馬郡文平(東京大学生産技術研究所産学官連携研究員, Factor M)
施工：高橋工務店
構造：木造
規模：地上1階
建築・延床面積：79.50 m²

p.082-

2009-12
Jeju Ball

設計：2009.02.-10.05. | 工事：2010.07.-12.03.
構造設計：MIRAE Structural Engineers Co., Ltd
設備設計：YUNGDO Engineers Co., Ltd
施工：LOTTE Engineering & Construction, KINGSMEN Korea
構造：鉄筋コンクリート造
規模：地上1階(DA), 地上2階(DB)
敷地面積：13,181.9 m²(D街区)
建築面積：DA/ 313.2 m², DB/ 166.4 m²
延床面積：DA/ 245.0 m², DB/ 210.0 m²

p.192-

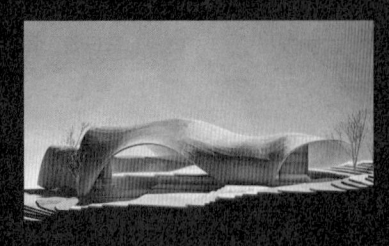

2010-
Floating Cave

設計：2010.08.-12.12.
竣工予定：2013.
構造設計：江尻建築構造設計事務所
構造：鉄筋コンクリート造
規模：地上2階,地下1階
敷地面積：330 m²
建築面積：100 m²
延床面積：200 m²

p.200-

238

2011 -
Chiva House

p.202 -

設計：2011.-
構造設計：オーノJAPAN
Local Architect: Jose Luis Santolaria
構造：鉄骨造，鉄筋コンクリート擁壁
敷地面積：9,157 m²
建築面積：304 m²
延床面積：353 m²

2012 -
Dune House

p.204 -

設計：2012.08.-13.07.
竣工予定：2013.07.
構造設計：江尻建築構造設計事務所
Local Agent Architect：575 STUDIO
構造：PC柱＋木小梁
規模：地上1階
敷地面積：5,000 m²
建築・延床面積：200 m²

住宅作品リスト 1988-2012

隈研吾

1954年神奈川県生まれ。
東京大学工学部建築学科卒業、同大学大学院修了。
コロンビア大学客員研究員、
ASIAN CULTURAL COUNCIL給費研究員を経て、
1987年空間研究所設立。
1990年隈研吾建築都市設計事務所設立。
現在、東京大学教授。

[図版、CG提供]
隈研吾建築都市設計事務所
―
[写真]
隈研吾建築都市設計事務所：p.139, p.141左
上記以外、GA photographers
―
[初出]
第4章「軽井沢の住宅」：
『GA JAPAN 111』のPLOT「Stone Roof」編を、今回のために改稿
―
インタヴューは、
2011年7月から2013年2月に亘って行われた

隈研吾　住宅らしさ

2013年3月25日発行

企画・編集：二川幸夫
インタヴュー：杉田義一
撮影：GA photographers
発行者：二川幸夫
印刷・製本：大日本印刷株式会社
発行：エーディーエー・エディタ・トーキョー
東京都渋谷区千駄ヶ谷3-12-14
TEL：03-3403-1581
FAX：03-3497-0649
E-MAIL：info@ga-ada.co.jp

禁無断転載

ISBN 978-4-87140-680-2 C1052